अच्छे-अच्छे निबंध

अच्छे-अच्छे निबंध

पृथ्वीनाथ पांडेय

प्रकाशक
प्रभात प्रकाशन प्रा. लि.
4/19 आसफ अली रोड, नई दिल्ली–110002
फोन : 23289777 • हेल्पलाइन नं. : 7827007777
इ–मेल : prabhatbooks@gmail.com ❖ वेब ठिकाना : www.prabhatbooks.com

संस्करण
2025

मूल्य
चार सौ रुपए

मुद्रक
यश प्रिंटोग्राफिक्स, नोएडा

———————— ★ ————————

ACHCHHE-ACHCHHE NIBANDH
by Shri Prithvi Nath Panday

Published by **PRABHAT PRAKASHAN PVT. LTD.**
4/19 Asaf Ali Road, New Delhi-110002

ISBN 978-93-5266-332-3

₹ 400.00

अपने विद्यार्थियों को
इस आह्वान के साथ कि
तुम शब्द-संपन्न बनो
और कभी
अभिव्यक्ति से न डरो।

निबंध-लेखन : एक कला

हिंदी भाषा में 'निबंध' शब्द का अर्थ 'बँधा हुआ' होता है। 'काशी नागरी प्रचारिणी सभा' द्वारा प्रकाशित 'हिंदी शब्द सागर' में निबंध का अर्थ 'बंधन' दिया गया है। अत: किसी भी एक निबंध पर एक योजना बनाकर सरल, रोचक, आकर्षक और स्पष्ट शब्दों में अपने विचार प्रकट करना 'निबंध' कहलाता है। 'निबंध' शब्द का दूसरा शाब्दिक अर्थ है—वह व्याख्या, जिसमें अनेक मतों का संग्रह हो। इस अर्थ के अनुसार भी निबंध में लेखक चुने हुए विषय के ऊपर अपने स्वयं के विचार अथवा मत प्रकट करता है।

साधारणत: 'प्रबंध' और 'लेख' शब्द 'निबंध' के पर्यायवाची समझे जाते हैं, किंतु 'निबंध' और 'लेख' में थोड़ा अंतर होता है। किसी भी विषय पर केवल अपने विचार लिख देना 'लेख' कहलाता है; किंतु उसी विषय पर अपने विचारों को यथास्थान व्यवस्थित करके लिखना 'निबंध' कहलाता है। निबंध के अंतर्गत यदि किसी वस्तु का वर्णन भी किया जाता है तो भी लेखक को निजी विचार और भाव प्रकट करना आवश्यक होता है।

निबंध-लेखन का उद्देश्य

विद्यार्थियों को छोटी कक्षाओं में ही निबंध लिखने की प्रेरणा दी जाती है। आरंभ में उनसे छोटे-छोटे विषयों पर वर्णनात्मक निबंध लिखवाए जाते हैं। क्रमश: जब उन्हें निबंध लिखने का अभ्यास हो जाता है तब वे कुछ गंभीर विषयों पर भी निबंध लिखकर अपने विचार प्रकट करने में समर्थ होते हैं। निबंध-लेखन के द्वारा लेखक और पाठक दोनों को ही यथेष्ट लाभ होता है।

१. सर्वप्रथम निबंध-लेखन के द्वारा लेखक को विभिन्न प्रकार के विषयों एवं प्रसंगों पर सोचने और विचार करने का अवसर मिलता है।

२. निबंध-लेखन द्वारा लेखक की लेखन-शक्ति का विकास और अभ्यास होता है।

३. पाठक को लेखक की रुचि और विचार का ज्ञान होता है।

४. शिक्षक को विद्यार्थियों के ज्ञान की थाह लगती है। तब वह यह समझने में समर्थ हो जाता है कि विद्यार्थी अपने विचारों को व्यक्त करने में कहाँ तक सफल हो सकता है।
५. विद्यार्थी का मानसिक विकास किस स्तर का है तथा उसका साधारण ज्ञान कैसा है—इसका अनुमान भी शिक्षक उसके निबंध-लेखन के द्वारा सहज ही लगा सकते हैं।

ऐसे लिखें निबंध

निबंध लिखना वास्तव में एक कला है। सर्वप्रथम जिस विषय पर निबंध लिखना हो, उस विषय पर पूर्ण रूप से विचार कर लेना चाहिए तथा मन में आए हुए विचारों को नोट करते जाना चाहिए। इसके पश्चात् निबंध की एक रूपरेखा बना लेनी चाहिए। इसी रूपरेखा के अनुसार निबंध के आरंभ में विषय-परिचय संक्षेप में देना चाहिए। विषय-परिचय को ही दूसरे शब्दों में 'भूमिका देना' अथवा 'विषय प्रवेश कराना' भी कहा जाता है।

यह स्मरण रखना आवश्यक है कि भूमिका आकर्षक हो। आकर्षक विषय-प्रवेश ही पाठक के हृदय में लेखक के प्रति रुचि उत्पन्न करता है; पाठक का कुतूहल जाग्रत् करता है और वह पूरा निबंध पढ़ने की इच्छा करने लगता है। यदि भूमिका ही रोचक और कुतूहलवर्द्धक नहीं होगी तो पाठक कभी पूरा निबंध पढ़ने की इच्छा नहीं करेगा, इसलिए भूमिका-लेखन में कौशल की आवश्यकता पड़ती है।

विषय-परिचय के बाद लेखक को मुख्य प्रसंग का विस्तारपूर्वक वर्णन करना चाहिए। यह अंश निबंध का 'मध्य भाग' कहलाता है। मध्य भाग में लेखक को अपने एक-एक विचार पृथक्-पृथक् अनुच्छेद (पैराग्राफ) में प्रकट करने चाहिए। प्रत्येक बात क्रमपूर्वक समझानी चाहिए। विचारों को उलझने नहीं देना चाहिए। निबंध का मध्य भाग न अति संक्षेप में और न अति विस्तार में लिखना चाहिए।

पूरी बात समाप्त करके अंत में विषय का महत्त्व, उससे होनेवाले लाभ, हानि, अभाव आदि पर स्वयं के विचार प्रकट करने चाहिए, जिससे पाठक लेखक के विचारों से अवगत हो जाए कि उक्त विषय पर उसके विचार क्या हैं। निबंध का यह अंतिम भाग 'उपसंहार' कहलाता है। इसे ही पढ़कर लेखक के विचार, ज्ञान, आदर्श, उद्देश्य आदि के विषय में पाठक अपनी धारणा निश्चित करता है।

निबंध-लेखन के लिए वास्तव में दो मुख्य बातें आवश्यक हैं—

१. विषय-सामग्री,

२. शैली।

विषय-सामग्री से निबंध की रूपरेखा निखरती है और शैली से सरलता, रोचकता एवं धारावाहिकता आती है।

निबंधों के प्रकार और विषय-क्षेत्र

निबंध के विषयों का क्षेत्र अत्यंत व्यापक है। मानव-समाज, इतिहास, भूगोल, विज्ञान, मानव प्रवृत्तियाँ, आचार-विचार, जीव-जगत्, पशु-पक्षी, भवन, शहर, गाँव, यात्रा, आत्मकथा आदि किसी भी विषय पर निबंध लिखा जा सकता है।

सुविधा की दृष्टि से निबंध को चार वर्गों में बाँटा जा सकता है—

१. वर्णनात्मक,

२. कथात्मक या विवरणात्मक,

३. भावात्मक अथवा विचारात्मक,

४. आलोचनात्मक।

१. वर्णनात्मक निबंध के अंतर्गत, आँखों देखा वर्णन किया जाता है; जैसे—पशु-पक्षियों, नगर-उपवन, पर्व-त्योहार आदि।

२. कथात्मक या विवरणात्मक निबंध के अंतर्गत इतिहास, जीवन-चरित, कहानी, आत्मकथा आदि विषय आते हैं।

३. भावात्मक अथवा विचारात्मक निबंध के अंतर्गत परोपकार, स्वावलंबन, विद्यार्थी-जीवन, सत्य, अहिंसा, क्रोध आदि विषय आते हैं।

४. आलोचनात्मक निबंध के अंतर्गत किसी ग्रंथ विशेष की आलोचना अथवा किसी पात्र का चरित्र-चित्रण आदि करना पड़ता है। ऐसे निबंधों में विषय के पक्ष और विपक्ष दोनों पर तर्कपूर्ण विचार करने पड़ते हैं।

अच्छे निबंध के गुण और विशेषताएँ

१. निबंध की भाषा सरल, सुस्पष्ट और सुबोध होनी चाहिए।

२. वाक्य छोटे, सरल और भावपूर्ण होने चाहिए। लंबे-लंबे मिश्रित वाक्य लिखने से बचना चाहिए।

३. निबंध में कृत्रिम भाषा का प्रयोग नहीं करना चाहिए।

४. निबंध लिखते समय शब्दों और वाक्यों के क्रम ठीक रहने चाहिए।

५. विराम-चिह्नों तथा अनुच्छेद का पूर्ण और उचित प्रयोग करना चाहिए।

६. निबंध के अंतर्गत एक ही बात को घुमा-फिराकर बार-बार नहीं लिखना चाहिए।

७. निबंध में परस्पर विरोधी बातें नहीं लिखनी चाहिए।

८. निबंध लिखते समय विषय-सामग्री की सीमा का बहुत ध्यान रखना चाहिए।

□

अनुक्रम

वायु-प्रदूषण

वायु हमारे जीवन का आधार है। वायु के बिना हम एक पल भी जीवित नहीं रह सकते। अफसोस है कि आज का मानव अपने जीवन के लिए परमावश्यक हवा को अपने ही हाथों दूषित कर रहा है।

वायु को जहरीला बनाने के लिए कल-कारखाने विशेष रूप से उत्तरदायी हैं। कल-कारखानों से निकलनेवाला विषैला धुआँ वायुमंडल में जाकर अपना जहर घोल देता है। इस कारण आस-पास का वातावरण भी प्रदूषित हो जाता है। इनके अतिरिक्त हवाई जहाजों, ट्रक, बस, कारों, रेलगाड़ियों आदि से निकलनेवाला धुआँ भी वातावरण को दूषित करता है। हालाँकि इनका निर्माण मानव के श्रम और समय की बचत के लिए किया गया है।

संसार में जीवन से बढ़कर मूल्यवान् कोई चीज नहीं हो सकती। यदि ये सारी सुविधाएँ हमारे अस्तित्व पर प्रश्न चिह्न लगा दें तो प्रगति की अंधी दौड़ का महत्त्व क्या रह जाता है! इसके लिए औद्योगिक क्षेत्र को ही पूरी तरह से जिम्मेदार ठहराना किसी भी दृष्टिकोण से उचित नहीं होगा। मानव समाज में अनेक वर्ग हैं। वे भी इसके लिए जिम्मेदार हैं।

वायु-प्रदूषण के कारण

कोयला तथा अन्य खनिज ईंधन जब भट्ठियों, कारखानों, बिजलीघरों, मोटरगाड़ियों और रेलगाड़ियों में इस्तेमाल होते हैं तब कार्बन-डाइऑक्साइड व सल्फर-डाइऑक्साइड की अधिक मात्रा वायु में पहुँचती है। मोटरगाड़ियों से अधूरा जला हुआ खनिज ईंधन भी वायुमंडल में पहुँचता है।

दरअसल कार्बन-डाइऑक्साइड, सल्फर-डाइऑक्साइड, कार्बन-मोनो ऑक्साइड, धूल तथा अन्य यौगिकों के सूक्ष्म कण प्रदूषण के रूप में हवा में मिल जाते हैं। इस दृष्टि से मोटरगाड़ियों को 'सबसे बड़ा प्रदूषणकारी' माना गया है।

औद्योगिक अवशिष्ट—महानगरों में औद्योगिक क्षेत्र तथा बड़ी संख्या में कल-कारखाने हैं। इन कारखानों में गंधक का अम्ल, हाइड्रोजन सल्फाइड, सीसा, पारा तथा अन्य रसायन उपयोग में लाए जाते हैं। इनमें रासायनिक कारखाने, तेल-शोधक संयंत्र, उर्वरक, सीमेंट, चीनी, काँच, कागज इत्यादि के कारखाने शामिल हैं। इन कारखानों से निकलनेवाले प्रदूषण कार्बन-मोनोऑक्साइड, नाइट्रोजन ऑक्साइड, विभिन्न प्रकार के हाइड्रो-कार्बन, धातु-कण, विभिन्न फ्लोराइड, कभी-कभी रेडियो-सक्रिय पदार्थों के कण, कोयले तथा तरल ईंधन के अज्वलनशील अंश वायुमंडल में प्रदूषक के रूप में पहुँचते रहते हैं।

धातुकर्मी प्रक्रम—विभिन्न धातुकर्मी प्रक्रमों से बड़ी मात्रा में धूल-धुआँ निकलते हैं। उनमें सीसा, क्रोमियम, बेरीलियम, निकिल, वैनेडियम इत्यादि वायु-प्रदूषक उपस्थित होते हैं। इन शोध-प्रक्रमों से जस्ता, ताँबा, सीसा इत्यादि के कण भी वायुमंडल में पहुँचते रहते हैं।

कृषि रसायन—कीटों और बीमारियों से खेतों में लहलहाती फसलों की रक्षा के लिए हमारे किसान तरह-तरह की कीटनाशक दवाओं का छिड़काव करते हैं। ये दवाएँ हैं—कार्बनिक, फॉस्फेट, सीसा आदि। ये रसायन वायु में जहर घोलने का काम करते हैं।

रेडियो विकिरण—परमाणु ऊर्जा प्राप्त करने के लिए अनेक देश परमाणु विस्फोट कर चुके हैं। इन देशों में परमाणु भट्ठियों का निर्माण हुआ है। इससे कुछ वायु-प्रदूषक वायु में मिल जाते हैं। इनमें यूरेनियम, बेरीलियम क्लोराइड, आयोडीन, ऑर्गन, स्ट्रॉसियम, सीजियम कार्बन इत्यादि हैं।

वृक्षों तथा वनों का काटा जाना—पेड़-पौधे, वृक्ष-लताएँ पर्यावरण को शुद्ध करने के प्राकृतिक साधन हैं। गृह-निर्माण, इमारती लकड़ी, फर्नीचर, कागज उद्योग तथा जलावन आदि के लिए वृक्षों की अंधाधुंध व अनियमित कटाई करने से वायु प्रदूषण में तेजी से वृद्धि हो रही है। इससे मानसून भी प्रभावित होता है। समय से वर्षा नहीं होती। अतिवृष्टि तथा सूखे की स्थिति उत्पन्न हो जाती है।

वायु-प्रदूषण का जन-जीवन पर प्रभाव

वायु-प्रदूषण का मानव-जीवन पर जो प्रभाव पड़ता है, वह इस प्रकार है—सल्फर डाइऑक्साइड और कार्बन-डाइऑक्साइड गैसें वर्षा के जल में घुलकर 'एसिड रेन' बनाती हैं। एसिड रेन का अर्थ है—तेजाबी या अम्लीय वर्षा। इस 'तेजाबी बारिश' में कार्बनिक अम्ल और सल्फ्यूरिक अम्ल का अत्यधिक प्रभाव होता है।

इस प्रकार जब ये गैसें श्वसन-क्रिया के द्वारा फेफड़ों में प्रवेश करती हैं तब नमी

सोखकर अम्ल बनाती हैं। इनसे फेफड़ों और श्वसन-नलिकाओं में घाव हो जाते हैं। इतना ही नहीं, इनमें रोगाणु-युक्त धूल के कण फँसकर फेफड़ों की बीमारियों को जन्म देते हैं। जब ये गैसें पौधों की पत्तियों तक पहुँचती हैं तो पत्तियों के 'क्लोरोफिल' को नष्ट कर देती हैं। पौधों में पत्तियों का जो हरा रंग होता है, वह 'क्लोरोफिल' की उपस्थिति के कारण ही होता है। यह क्लोरोफिल ही पौधों के लिए भोजन तैयार करता है।

'ओजोन' की उपस्थिति से पेड़-पौधों की पत्तियाँ अधिक शीघ्रता से श्वसन-क्रिया करने लगती हैं। इस कारण अनुपात में भोजन की आपूर्ति नहीं हो पाती। पत्तियाँ भोजन के अभाव में नष्ट होने लगती हैं। यही कारण है कि इनसे प्रकाश-संश्लेषण नहीं हो पाता। इससे वायुमंडल में ऑक्सीजन की मात्रा पर प्रभाव पड़ता है।

मोटरगाड़ियों, औद्योगिक संयंत्रों, घरेलू चूल्हों तथा धूम्रपान से कार्बन-मोनोऑक्साइड तथा कार्बन-डाइऑक्साइड वायु में मिल जाती हैं। इस कारण श्वसन-क्रिया में रक्त में 'हीमोग्लोबिन' के साथ मिलकर ऑक्सीजन को वहीं रोक देती है। फलतः हृदय रक्त-संचार तंत्र पर गंभीर प्रभाव पड़ता है। 'हीमोग्लोबिन' रक्त का आधार होता है। अगर ये जहरीली गैसें अधिक देर तक श्वास के साथ फेफड़ों में जाती रहें तो मृत्यु भी संभव है।

अवशिष्ट पदार्थों के जलने, रासायनिक उद्योगों की चिमनियों तथा पेट्रोलियम के जलने से प्राप्त नाइट्रोजन के ऑक्साइड तथा कुछ कार्बनिक गैसें प्रकाश की उपस्थिति में 'ओजोन' तथा अन्य प्रदूषकों में बदल जाती हैं। इसके दुष्प्रभाव से आँखों से पानी निकलने लगता है, श्वास लेने में भी कठिनाई महसूस होती है।

वायुमंडल में कार्बन-डाइऑक्साइड की अधिकता से श्वसन में बाधा पड़ती है। पृथ्वी के धरातल के सामान्य से अधिक गरम हो जाने की आशंका उत्पन्न हो जाती है। नाइट्स ऑक्साइड की उपस्थिति से फेफड़ों, हृदय तथा आँख के रोगों में वृद्धि होती है। सीसे तथा कैडमियम के सूक्ष्म कण वायु में मिलकर विष का काम करते हैं। लोहे के अयस्क तथा सिलिका के कण फेफड़ों की बीमारियों को जन्म देते हैं।

रेडियोधर्मी विकिरणों से हड्डियों में कैल्सियम के स्थान पर स्ट्रॉशियम संचित हो जाते हैं। इसी तरह मांसपेशियों में पोटैशियम के स्थान पर कई खतरनाक तत्त्व इकट्ठे हो जाते हैं।

वायु-प्रदूषण की रोकथाम

वायु-प्रदूषण की रोकथाम उन स्थानों पर अधिक सरलता के साथ की जा सकती है, जहाँ से वायु में प्रदूषण उत्पन्न होता है। आजकल कुछ ऐसे प्रदूषण-नियंत्रक उपकरण उपलब्ध हैं, जिनसे प्रदूषण को रोका जा सकता है। विद्युत् स्थैटिक अवक्षेपक, फिल्टर आदि ऐसे उपकरण हैं, जिन्हें औद्योगिक संयंत्रों में लगाकर वायु को प्रदूषित होने से

बचाया जा सकता है।

वर्तमान में वायु-प्रदूषण पर नियंत्रण पाने के लिए निम्नलिखित उपाय संभव हैं—

- सल्फर-डाइऑक्साइड जैसे प्रदूषक ईंधनों में से गंधक को निकाल देने से अथवा परंपरागत ईंधनों को न जलाकर आधुनिक ईंधनों का उपयोग करके। आधुनिक ईंधनों में प्राकृतिक गैस, विद्युत् भट्ठियाँ इत्यादि शामिल हैं।
- मोटरगाड़ियों से निकलनेवाले प्रदूषकों को 'उत्प्रेरक परिवर्तक' यंत्र लगाकर किया जा सकता है।
- ऊँची चिमनियाँ लगाकर पृथ्वी के धरातल पर प्रदूषक तत्त्वों को एकत्र होने से रोका जा सकता है।
- औद्योगिक संयंत्रों को आबादी से दूर स्थापित करके तथा प्रदूषण-निवारक संयंत्र लगाकर वायु-प्रदूषण पर नियंत्रण किया जा सकता है।
- खाली और बेकार भूमि में अधिक संख्या में वृक्षारोपण कर तथा औद्योगिक क्षेत्रों में हरित पट्टी बनाकर काफी हद तक वायु-प्रदूषण को रोका जा सकता है। वैज्ञानिकों के मतानुसार यदि जनसंख्या का २३ प्रतिशत वनक्षेत्र हो तो वायु-प्रदूषण से हानि नहीं पहुँचती।

□

जल-प्रदूषण

जल हमारे जीवन के लिए बहुत ही आवश्यक है। मनुष्य ही नहीं, पशु-पक्षियों के लिए भी जल जीवन का आधार है। कोई भी जीव बिना जल के जीवित नहीं रह सकता। भोजन करने के बाद अथवा किसी काम को करने के बाद मानव-शरीर में गरमी बढ़ जाती है। उस गरमी की तृप्ति जल से ही होती है। मानव के प्रत्येक कार्य में जल की सर्वाधिक उपयोगिता है।

जिस क्षेत्र में हवा और पानी दूषित हो जाते हैं, वहाँ जीवधारियों का जीवन संकट में पड़ जाता है।

बीसवीं शताब्दी में मानव-सभ्यता और विज्ञान-प्रौद्योगिकी का बड़ी तेजी से विकास हुआ। बेशक, मानव जीवन इनसे उन्नत और सुखकर हुआ है, वहीं काफी हानि भी हुई है। आज वायु-जल-आकाश तीनों का अंधाधुंध और अनियंत्रित दोहन हुआ है। इस कारण मानव-अस्तित्व की रक्षा का प्रश्न हमारे सामने मुँह बाए खड़ा है। गंगा भारत की सबसे पवित्र नदी मानी जाती है। वह स्वर्गलोक की यात्रा करानेवाली नदी मानी जाती है। गंगा अनेक पापों को धोनेवाली नदी मानी जाती है। वही जीवनदायी गंगा आज कल-कारखानों के जहरीले कूड़े-कचरे से प्रदूषित हो गई है।

भारत सरकार ने गंगा की सफाई के लिए व्यापक कार्यक्रम भी चला रखा है, स्व. प्रधानमंत्री श्री राजीव गांधी की अध्यक्षता में केंद्रीय गंगा प्राधिकरण का गठन भी हुआ, किंतु अभी उसकी निर्मलता लौटी नहीं है। यही हाल अन्य नदियों का भी है।

हमारे अवैज्ञानिक रहन-सहन के फलस्वरूप जलाशयों में बहुत प्रदूषण है। प्रदूषण इतना बढ़ गया है कि उनमें स्नान करने तथा इनका जल प्रयोग में लाने से चर्म रोग एवं लकवा जैसी खतरनाक बीमारियों का शिकार होना पड़ जाता है।

बावड़ियों का चलन लगभग समाप्त ही हो चुका है। देश के हर गाँव में कूप-जल का प्रयोग अनादि-काल से होता रहा है, परंतु कई इलाकों में कुओं में घातक प्रदूषित तत्त्व पाए जाते हैं।

जल मुख्य रूप से निम्नलिखित कारणों से दूषित हो जाता है—

- जल के स्थिर रहने से,
- जल में नगर की गंदी नालियों और नालों का जल मिलने से,
- जल में विभिन्न प्रकार के खनिज-लवणों के मिलने से,
- जल में छूत आदि रोगों के कीटाणुओं के मिलने से,
- ताल-तलैयों के जल में साबुन, शैंपू आदि से नहाने तथा कपड़े धोने से,
- जल-स्रोतों में कारखानों व फैक्टरियों आदि से रसायनों का स्राव होने से,
- नदी, कुओं तथा अन्य जल-स्रोतों के पास ही स्नान करने, कपड़े धोने, जूठे बरतनों को साफ करने से।
- तालाबों में स्नान करने तथा उनमें मल-मूत्र बहाने से,
- कल-कारखानों से निकला कूड़ा-कचरा तथा रासायनिक अवशिष्ट पदार्थों को जल-स्रोतों में गिराने से।

भारत में लगभग १,७०० ऐसे उद्योग हैं, जिनके लिए व्यर्थ जल-उपचार की आवश्यकता होती है।

मनुष्य के शरीर में जल की मात्रा लगभग ७० प्रतिशत होती है। यह वह जल है, जो हमें प्रकृति से मिलता है। इसे चार भागों में बाँटा गया है—

- पहले वर्ग के अंतर्गत 'वर्षा का जल' आता है।
- दूसरे वर्ग में 'नदी का जल' आता है।
- तीसरे वर्ग के अंतर्गत 'कुएँ' अथवा 'सोते' (ताल-तलैया) का जल आता है।
- चौथे वर्ग के अंतर्गत 'समुद्र का जल' शामिल है।

निम्नलिखित उपायों के द्वारा जल-प्रदूषण को रोका जा सकता है—

- समय-समय पर कुओं में लाल दवा का छिड़काव होना चाहिए।
- कुओं को जाल आदि के द्वारा ढक देना चाहिए, इससे कूड़ा-करकट और गंदगी कुएँ में नहीं जा सकती।
- आपको जब पता चल जाए कि जल प्रदूषित है तो सबसे पहले उसे उबाल लें, फिर उसका सेवन करें।
- गंदे जल को स्वच्छ रखने के लिए फिटकरी का इस्तेमाल करें। जल की मात्रा के अनुसार ही फिटकरी का प्रयोग करें। इससे जल में जितनी तरह की गंदगी होगी, सबकी सब घड़े के तल में नीचे बैठ जाएगी।
- जल-संग्रह की जानेवाली टंकियों तथा हौज को समय-समय पर साफ किया जाना चाहिए।
- औद्योगिक इकाइयों में 'ट्रीटमेंट प्लांट' लगाना अनिवार्य कर देना चाहिए।

इसका तत्परता से पालन न करनेवाले उद्योगों पर दंडात्मक कारवाई की जानी चाहिए।

- कूड़े-कचरे एवं मल-मूत्र को नदी में न बहाकर नई-नई तकनीकों का इस्तेमाल करके उनसे ऊर्जा पैदा की जाए और उससे खाद बनाई जाए।
- अत्यधिक प्रदूषण फैलानेवाले कल-कारखानों को लाइसेंस न दिए जाएँ।
- नदियों, तालाबों, ताल-तलैयों एवं कुओं में मेढकों, कछुओं आदि को मारने पर प्रतिबंध लगाया जाए।
- किसी भी प्रकार से जल को दूषित करनेवालों के विरुद्ध कठोर कारवाई की जाए।

□

ध्वनि-प्रदूषण

आज समूचे विश्व में ध्वनि-प्रदूषण की समस्या हलचल मचाए हुए है। क्षेत्रीय पर्यावरण में इसका बड़ा प्रतिकूल असर पड़ता है। मानसिक रोगों को बढ़ाने एवं कान, आँख, गला आदि के रोगों में शोर की जबरदस्त भूमिका है।

'तीखी ध्वनि' को शोर कहते हैं। शोर की तीव्रता को मापने के लिए 'डेसीबेल' की व्यवस्था की गई है। चाहे विमान की गड़गड़ाहट हो अथवा रेलगाड़ी की सीटी, चाहे कार का हॉर्न हो अथवा लाउड-स्पीकर की चीख—कहीं भी शोर हमारा पीछा नहीं छोड़ता। दिनोदिन यह प्रदूषण फैलता ही जा रहा है।

शोर से दिलो-दिमाग पर भी असर पड़ता है। इससे हमारी धमनियाँ सिकुड़ जाती हैं। हृदय धीमी गति से काम करने लगता है। गुरदों पर भी इसका प्रतिकूल असर पड़ने लगता है।

लगातार शोर से 'कोलेस्टेरॉल' बढ़ जाता है। इससे रक्त-शिराओं में हमेशा के लिए खिंचाव पैदा हो जाता है। इससे दिल का दौरा पड़ने की आशंका बनी रहती है। अधिक शोर से स्नायु-तंत्र प्रभावित होता है। दिमाग पर भी इसका बुरा असर पड़ता है। यही कारण है कि हवाई अड्डे के आस-पास रहनेवालों में से अधिकतर लोग संवेदनहीन हो जाते हैं।

बच्चों पर शोर का इतना बुरा असर पड़ता है कि उन्हें न केवल ऊँचा सुनाई पड़ता है, बल्कि उनका स्नायु-तंत्र भी प्रभावित हो जाता है। परिणामस्वरूप बच्चों का सही ढंग से मानसिक विकास नहीं हो पाता।

असह्य शोर का संतानोत्पत्ति पर भी बुरा प्रभाव पड़ता है। हवाई अड्डे के आस-पास रहनेवाली गर्भवती महिलाएँ कम वजनवाले शिशु को जन्म देती हैं। अगर गर्भवती महिला गर्भावस्था के दौरान लगातार शोरगुल के बीच रहे तो उसके भ्रूण पर भी बुरा असर पड़ता है।

किसी भी शहर में अधिकतम ४५ डेसीबेल तक शोर होना चाहिए। मुंबई,

दिल्ली, कोलकाता और चेन्नई में ९० डेसीबेल से भी अधिक शोर मापा गया है। मुंबई को 'विश्व का तीसरा सबसे अधिक शोरगुलवाला शहर' माना जाता है। ध्वनि-प्रदूषण के मामले में दिल्ली भी मुंबई के समकक्ष ही है। यही हाल रहा तो सन् २०१० तक ५० प्रतिशत दिल्लीवासी इससे गंभीर रूप से प्रभावित होंगे।

अंतरराष्ट्रीय मापदंड के अनुसार, ५६ डेसीबेल तक शोर सहन किया जा सकता है। हालाँकि अस्पतालों के आस-पास यह ३५ से ४० डेसीबेल तक ही होना चाहिए।

पश्चिमी देशों में ध्वनि-प्रदूषण रोकने के लिए ध्वनि-विहीन वाहन बनाए गए हैं। वहाँ शोर रोकने के लिए सड़कों के किनारे बाड़ लगाई गई हैं। भूमिगत रास्ता बनाया गया है। ध्वनि-प्रदूषण फैलानेवाली गाड़ियों पर प्रतिबंध लगा दिया गया है। इनके अलावा अधिकतर देशों ने रात में विमान-उड़ानें बंद कर दी हैं।

भारत में ध्वनि-प्रदूषण के खिलाफ आंदोलन की गति बहुत धीमी है। पर्यावरण विशेषज्ञों के अनुसार, इसका प्रमुख कारण यह है कि हममें से अधिकतर इसे 'प्रदूषण' नहीं, बल्कि 'दैनिक जीवन का एक हिस्सा' मानते हैं।

एक सर्वेक्षण के अनुसार, व्यक्ति यदि लगातार बहुत अधिक शोर-शराबेवाले स्थान में रहे तो वह स्थायी तौर पर अथवा हमेशा के लिए बहरेपन का शिकार हो जाता है। इस तरह के सबसे ज्यादा मामले ४० प्रतिशत—फाउंड्री उद्योग में तथा सबसे कम ३२.७ प्रतिशत तेल मिलों में पाए गए। कपड़ा मिलों में ३२.६ प्रतिशत, रिफाइनरी में २८.२ प्रतिशत, उर्वरक कारखानों में १९.८ प्रतिशत, बिजली कंपनियों में सबसे कम यानी ८.१ प्रतिशत पाए गए।

बाँसुरी की आवाज यदि बहुत तेज होती है तो व्यक्ति मानसिक बीमारी का शिकार हो जाता है। कई मामलों में वह आक्रामक व्यवहार करने लगता है। सबसे ज्यादा शोर लाउड-स्पीकरों से होता है। इसके अतिरिक्त सड़क व रेल में तथा विमान-यातायात, औद्योगिक इकाइयों का शोर, चीखते सायरन, पटाखे आदि शामिल हैं।

भारत में अभी तक शोर पर नियंत्रण पाने के लिए कोई व्यापक कानून नहीं बनाया गया है। यदि इस प्रदूषण से बचने के लिए कोई कारगर उपाय नहीं किया गया तो अगले बीस वर्षों में इसके कारण अधिकांश लोग बहरे हो जाएँगे।

केंद्रीय पर्यावरण विभाग तथा केंद्र और राज्यों के प्रदूषण नियंत्रण बोर्डों की वरीयता सूची में ध्वनि-प्रदूषण नियंत्रण का स्थान सबसे नीचे है।

ध्वनि-प्रदूषण पर नियंत्रण निम्नलिखित उपायों के द्वारा पाया जा सकता है—

- धीमी और तेज गति के वाहनों के लिए अलग-अलग मार्ग बनाए जाएँ तथा इनमें प्रेशर हॉर्न बजाने पर पाबंदी हो।
- झुग्गी-झोंपड़ी और कॉलोनियों का निर्माण इस प्रकार हो कि वे सड़क से

काफी फासले पर रहें।

- मुख्य सड़क और बस्तियों के बीच जमीन का एक बड़ा भाग खाली छोड़ा जाए।
- ध्वनि-प्रदूषण के प्रति लोगों को जागरूक बनाने के लिए जन-जागरण कार्यक्रम बनाए जाएँ।
- विवाह समारोह एवं पार्टी आदि के समय लाउड-स्पीकरों के बजाने पर पूर्णतः प्रतिबंध हो तथा पर्व-त्योहारों या खुशी के मौकों पर अधिक शक्तिवाले पटाखों के चलाने पर रोक लगाई जाए।
- वाहनों के हॉर्न को अनावश्यक रूप से बजाने पर रोक लगाई जाए।
- इस प्रकार के कानून बनाए जाएँ, जिससे सड़कों, कारखानों तथा सार्वजनिक स्थानों पर शोर कम किया जा सके।

□

हमारा शारीरिक विकास

बच्चा जन्म लेता है, उसके साथ ही उसका विकास होना शुरू हो जाता है। शुरू-शुरू में बच्चे के शरीर का विकास बहुत तेजी से होता है। जब बच्चा कुछ बड़ा होता है, फिर उसका मानसिक विकास होता है।

अब बच्चा बाल्यावस्था से किशोरावस्था में प्रवेश करता है। किशोरावस्था में शरीर का विकास बड़ी तेजी से होता है। इसको माता-पिता और बच्चा स्वयं भी देख व महसूस कर सकता है। विकास की अवस्था से गुजरते हुए किशोर असमंजस की स्थिति में पड़ जाता है।

किशोरावस्था नाजुक अवस्था होती है। इसमें उसके बहक जाने की ज्यादा संभावनाएँ रहती हैं। यह समय माता-पिता और स्वयं किशोर के लिए बड़ी सावधानी बरतने का समय होता है। किशोरावस्था में पाठशाला के लिए भी सावधानी का समय होता है। इसी समय बच्चे के भविष्य की नींव रखी जाती है। किशोर-अवस्था ही उसके जीवन का आधार होती है।

फिर आती है युवावस्था। युवावस्था में विकास धीमी गति से होता है और धीरे-धीरे यह मंद पड़ जाता है।

इसके बाद व्यक्ति वृद्धावस्था में प्रवेश करता है। इसमें विकास-प्रक्रिया पूरी तरह से समाप्त हो जाती है, शरीर का पतन होने लगता है। अंत में शरीर क्षीण होने लगता है और व्यक्ति मृत्यु को प्राप्त हो जाता है।

वृद्धि और विकास एक सतत एवं निरंतर चलनेवाली प्रक्रिया है। यह जन्म से मृत्यु तक चलती रहती है। कभी तेज तो कभी मंद गति से शरीर का विकास होता रहता है।

सभी बच्चों का शारीरिक विकास एक जैसा नहीं होता। बच्चों के विकास के ये तीन आधार माने गए हैं—

१. पैतृक आधार,

२. वातावरण का आधार,

३. अच्छे स्वास्थ्य का आधार।

प्रायः देखा गया है कि जैसे माता-पिता होते हैं वैसे ही उनके बच्चे भी होते हैं। लंबे माता-पिता की संतानें प्रायः लंबी होती हैं। छोटे कद के माता-पिता की संतानें प्रायः ठिगनी होती हैं। कुछ मामलों में यह अपवाद भी देखा गया है।

बच्चे को रोगों से रक्षा करने की शक्ति माता-पिता से मिलती है। अनेक बीमारियाँ पीढ़ी-दर-पीढ़ी चलती रहती हैं। आमतौर पर बच्चों का स्वभाव भी माता-पिता जैसा होता है। बच्चे पर माता-पिता के स्वभाव का गहरा प्रभाव पड़ता है।

शारीरिक विकास और वृद्धि को वातावरण काफी हद तक प्रभावित करता है। गंदी बस्तियों में रहनेवाले व्यक्तियों का स्वास्थ्य ठीक नहीं रहता। कल-कारखानों के पास रहनेवाले लोगों की भी यही स्थिति रहती है। उनके बच्चों का शारीरिक विकास ठीक प्रकार से नहीं हो पाता है।

इसके विपरीत, गाँव में रहनेवाले लोगों की स्थिति है। गाँव के बच्चों का स्वास्थ्य बहुत अच्छा होता है। उनका शरीर शक्तिशाली, बलवान् तथा हृष्ट-पुष्ट होता है। उनकी मांसपेशियाँ दृढ़ होती हैं। वे काफी मजबूत होते हैं। उनमें कार्य करने की क्षमता अधिक होती है।

रोगों के कीटाणु कमजोर लोगों को अपना शिकार बनाते हैं। अत: वातावरण को साफ-सुथरा बनाने की आवश्यकता है। गंदगीवाले इलाकों और झुग्गी-झोंपड़ी वाले क्षेत्रों में सफाई पर विशेष ध्यान देने की ज़रूरत है। इससे वातावरण बच्चे के विकास और वृद्धि में मददगार बन सकता है।

उत्तम स्वास्थ्य सबसे बड़ा खजाना है। स्वास्थ्य अच्छा रहेगा तो उसी अनुपात में शरीर का विकास भी होगा। यदि स्वास्थ्य ठीक नहीं है तो विकास भी ठीक ढंग से नहीं हो सकता।

□

मनोरंजन के साधन

वर्तमान युग में मनुष्य का जीवन बड़ा ही संघर्षमय होता जा रहा है। उसके जीवन में एक-न-एक जटिल समस्या आती रहती है। वह उनको सुलझाने में ही हमेशा व्यस्त रहता है। बेचारा दिन-रात मशीन की तरह निरंतर विभिन्न क्रिया-कलापों में व्यस्त रहता है। उसके जीवन में कुछ ही क्षण ऐसे आते हैं, जब वह नाममात्र का संतोष अनुभव कर पाता है। वे होते हैं—मनोरंजन के क्षण।

मनुष्य स्वभावत: आमोद-प्रमोदप्रिय होता है। आदिकाल में भी मनुष्यों के बीच आमोद-प्रमोद की आयोजनाएँ हुआ करती थीं। कारण यह है कि मनोरंजन से हमारा चित्त कुछ क्षणों के लिए उत्फुल्ल हो जाता है। बिना मनोरंजन के जीवन भार-सा मालूम होता है। खेल-कूद और दर्शनीय स्थलों पर हमें एक अनोखी स्फूर्ति मिलती है। इसीलिए मनोरंजन मनुष्य के लिए अनिवार्य है।

प्राचीनकाल में जबकि मनुष्य का समाज इतना विकसित नहीं था, उस समय भी वह मनोरंजन करता था। जंगली जातियाँ भी नाना प्रकार के नृत्यों और गीतों से अपना आनंद मनाती हैं। अंतर इतना है कि प्राचीन युग में ये साधन कम मात्रा में थे। सभ्यता का विकास जितनी तीव्र गति से हुआ, उसी के साथ हमारे मनोरंजन के साधनों का विकास भी हुआ। आज हमारे पास मनोरंजन की इतनी विपुल सामग्री है कि उसका उपयोग करना भार होता जा रहा है।

यह विकास का युग है। मानव प्रगति की चरम सीमा पर पहुँच रहा है। समाज में मनोरंजन के साधनों का बाहुल्य है। संगीत, अभिनय, नृत्य, चित्रकला आदि से मानव-मन को शांति मिलती है। हम आनंद का अनुभव करते हैं। कानों को प्रिय लगनेवाला गीत कौन नहीं चाहता! नाटकों को देखने कौन नहीं जाता! गरमी में आग बरसाती हुई हवाओं के बीच बैठक में बैठकर हम ताश या शतरंज का आनंद लेते हैं। जाड़े की ऋतु में टेनिस, बैडमिंटन, फुटबॉल, हॉकी और क्रिकेट हमारे तन-मन में स्फूर्ति का संचार करते हैं।

अनेक प्रकार के मेलों का आयोजन होता है। मेलों में आनंद-प्राप्ति के साथ-साथ

हमारा व्यावहारिक ज्ञान भी बढ़ता है। देशाटन करने पर भी चित्त को शांति और भिन्न-भिन्न स्थानों के रीति-रिवाज एवं आचार-विचारों का ज्ञान होता है। बुद्धिजीवी वर्ग साहित्य का अध्ययन-मनन कर असीम आनंद उठाता है। विज्ञान के युग में सबसे प्रिय मनोरंजन के साधन हैं—सिनेमा, रेडियो, टेलीविजन, वीडियो आदि। दिन भर की थकावट दूर करने के लिए श्रमिक वर्ग शाम को फिल्म देखकर या रेडियो सुनकर आनंद उठाता है। रेडियो तो मनोरंजन का जादुई बक्सा है। यह मनोरंजन के साथ-साथ घर बैठे ही देश-विदेश के समाचार सुनाता है।

मनोरंजन मनुष्य के लिए बहुत आवश्यक है। मनोरंजन के बिना जीवन अधूरा है। जैसे भोजन शरीर को स्वस्थ बनाता है वैसे ही मनोरंजन मस्तिष्क की थकान दूर कर शांति देता है। अत: जीवन में मनोरंजन नियमित रूप से होना चाहिए। लेकिन अधिक मात्रा में मनोरंजन हानिकारक है। मनोरंजन केवल जीवन में उल्लास लाने के लिए है। इसी उद्देश्य से इसका उपयोग करना उचित है।

□

छात्रावास का जीवन

एक युग था, जब गुरुकुल की शिक्षण-पद्धति प्रचलन में थी। विद्यार्थी पच्चीस वर्ष तक की अवस्था गुरुकुलों में विद्या-प्राप्ति के लिए बिताता था। गुरु का आश्रम ही उसके लिए सबकुछ होता था। गुरुकुल से सब विद्याओं में पारंगत होकर वह गृहस्थ जीवन में प्रवेश पाता था। आज उसी परंपरा का निर्वाह छात्रावासों की प्रतिष्ठा करके किया जा रहा है। विद्यार्थी विद्यालय में पढ़ता और छात्रावास में रहता है। छात्रावास वास्तव में विद्यालय के ही एक अंग होते हैं। इन छात्रावासों में विद्यार्थियों को अनेक सुविधाएँ प्राप्त होती हैं।

छात्रावास के जीवन के बहुत लाभ हैं। कुछ प्रमुख निम्नलिखित हैं—

१. छात्रावास में रहनेवाला विद्यार्थी संयमित जीवन व्यतीत करने का अभ्यस्त हो जाता है। वहाँ उसके शारीरिक और मानसिक विकास की ओर विशेष ध्यान दिया जाता है। नियत समय पर भोजन, नियत समय पर व्यायाम तथा अध्ययन का विधान होता है। यहाँ पर समय का दुरुपयोग नहीं होता।

२. अध्ययन की सुविधाओं के कारण उसका मुख्य ध्येय विद्योपार्जन होता है। यहाँ विद्यार्थी का पाठ्यक्रम अधूरा नहीं रह पाता। इसके अतिरिक्त वह छात्रावास में आयोजित व्याख्यानों व गोष्ठियों से अपना बौद्धिक विकास करता है। वाचनालय में आनेवाली पत्र-पत्रिकाओं के द्वारा उसके ज्ञान-भंडार में वृद्धि होती है।

३. उसके चरित्र का समुचित विकास होता है। चारित्रिक गुणों, जैसे—समय का सदुपयोग, स्वावलंबन, अनुशासन, आत्मविश्वास आदि का विकास होता है।

४. छात्रावास का छात्र सामाजिक क्षेत्र में प्रविष्ट होने की उत्तम शिक्षा पाता है। उसका संपर्क बहुधा अनेक प्रकार के छात्रों से होता रहता है। पारस्परिक सौहार्द एवं प्रेम-भाव बढ़ते हैं। जीवन स्वतंत्र और सुखमय होता है। विद्याध्ययन के दौरान घर की चिंताओं से मुक्त रहता है।

किंतु अब छात्रावास का जीवन अनेक दुर्गुणों का घर बनता जा रहा है। विद्यार्थी स्वच्छंदता का अनुचित लाभ उठाने लगा है। प्राय: देखने में आता है कि छात्र आधुनिक सभ्यता से प्रभावित होकर नाना प्रकार के व्यसनों का शिकार हो जाता है। यही कारण है कि दिन-प्रतिदिन छात्रावास का जीवन खर्चीला भी होता जा रहा है। यहाँ विलासिता और अनुशासनहीनता बढ़ती जा रही है।

जब हम आज के छात्रावास-जीवन पर दृष्टिपात करते हैं और प्राचीन गुरुकुलों की शिक्षा-पद्धति का तुलनात्मक दृष्टि से विचार करते हैं तो हमारे कान खड़े हो जाते हैं। क्या हम पुराने समय के गुरुकुलों की भाँति आचरण और अनुशासनबद्ध जीवन अपनाकर एक आदर्श विद्यार्थी बनने का गौरव प्राप्त नहीं कर सकते?

□

विद्यार्थी जीवन

विद्यार्थी और शिक्षा का बड़ा ही गहरा संबंध है। शिक्षा मनुष्य के लिए खान-पान से भी अधिक आवश्यक है। शिक्षा प्रत्येक समाज और राष्ट्र के लिए उन्नति की कुंजी है। अज्ञानता मनुष्य के लिए अभिशाप है। शिक्षा के द्वारा ही हम सत्य और असत्य को परख पाते हैं। शिक्षा जीवन-विकास की सीढ़ी है।

मनुष्य के जीवन का वह समय, जो शिक्षा प्राप्त करने में व्यतीत होता है, 'विद्यार्थी-जीवन' कहलाता है। यों तो मनुष्य जीवन के अंतिम क्षणों तक कुछ-न-कुछ शिक्षा ग्रहण करता ही रहता है, परंतु उसके जीवन में नियमित शिक्षा की ही अवधि विद्यार्थी जीवन है। प्राचीन ऋषि-मुनियों की शिक्षा-पद्धति में विद्यार्थी जीवन की एक निश्चित अवधि थी। मनुष्य का संपूर्ण जीवन सौ वर्षों का माना जाता था। पूरे जीवन को कार्य की दृष्टि से चार भागों में बाँटा गया था—ब्रह्मचर्य, गृहस्थ, वानप्रस्थ और संन्यास। यह पहला ब्रह्मचर्य-काल ही विद्यार्थी जीवन माना जाता था।

'अल्पकाल' ही जीवन को सुखमय बनाता है और अल्पकाल ही जीवन को दु:खमय बनाता है। यह कथन ही विद्यार्थी के जीवन की कसौटी है। मनुष्य का यह अल्पकाल ही उसके बनने अथवा बिगड़ने के लिए जिम्मेदार रहता है। विद्यार्थी का मतलब है—विद्या + अर्थी = विद्या चाहनेवाला। यह विद्यार्थी जीवन एक तपस्वी-साधक का जीवन होता है। विद्यार्थियों के लिए अध्ययन ही तपस्या है। तपस्वी को जो आनंद ईश्वर के दर्शन से होता है, वही विद्यार्थी को परीक्षा में उत्तीर्ण होने पर मिलता है। विद्यार्थियों में निम्न पाँच गुणों का होना आवश्यक है—

१. **काक चेष्टा**—जिस प्रकार कौआ अपने भोजन के लिए हर प्रकार का यत्न करता है, ठीक उसी प्रकार विद्यार्थी को अध्ययन में सफलता के लिए हमेशा प्रयत्नशील रहना चाहिए।

२. **बकोध्यानं**—जिस प्रकार बगुला अपने शिकार पर एकाग्रचित्त रहता है, उसी प्रकार विद्यार्थी को पढ़ने में दत्तचित्त रहना चाहिए।

३. श्वाननिद्रा—विद्यार्थी को श्वान (कुत्ता) की भाँति बहुत कम सोना चाहिए। उसे अति गहरी नींद में नहीं सोना चाहिए।

४. अल्पाहारी—विद्यार्थी को भोजन कम मात्रा में करना चाहिए। अधिक भोजन करने से आलस्य आता है।

५. गृह-त्यागी—घर से दूर रहने पर पढ़ने में मन अधिक रमता है। इन सब गुणोंवाला ही 'सच्चा विद्यार्थी' होता है।

प्राचीन काल में विद्यार्थी सरस्वती का आराधक होता था। प्रकृति माँ की पवित्र गोद में रहता था। गुरु की सेवा और अध्ययन उसके मुख्य कार्य थे। आरुणि और उद्दालक इसी शिष्य-परंपरा में आते हैं। आधुनिक विद्यार्थी जीवन में ये गुण देखने में नहीं आते। इसका कारण है युग-परिवर्तन। आज का विद्यार्थी विद्या प्राप्त करने किसी नगर या कस्बे में जाता है। विज्ञान के चमत्कारों से पूर्ण नागरिक जीवन उसे अपनी ओर खींचता है, जिससे वह विद्या-प्राप्ति की ओर अधिक ध्यान नहीं दे पाता।

विद्यार्थी ही किसी राष्ट्र के निर्माता और भविष्य होते हैं। इनके निर्माण का गुरुतर उत्तरदायित्व अध्यापकों और विद्यालय के वातावरण पर है।

□

किसी यात्रा का वर्णन

ज्ञानेनहीनाः पशुभिः समानाः।

अर्थात्—ज्ञान से हीन मनुष्य पशु के समान है।

अध्ययन, बड़ों का सान्निध्य, सत्संग आदि ज्ञान-प्राप्ति के साधन कहे जाते हैं। इनमें अध्ययन के बाद यात्रा का स्थान प्रमुख है। यात्रा के माध्यम से विविध प्रकार का प्रत्यक्ष ज्ञान बड़ी ही सहजता के साथ तत्काल प्राप्त हो जाता है। यही कारण है कि यात्रा का अवसर हर कोई पाना चाहता है। प्रत्येक मानव अपने जीवन में छोटी-बड़ी किसी-न-किसी प्रकार की यात्रा अवश्य ही करता है।

मुझे शिक्षा-प्राप्ति के लिए त्रिशूल पर बसी विश्वनाथ की नगरी काशी ठीक जगह जँची, जहाँ इलेक्ट्रिकल इंजीनियरिंग से लेकर हर तरह की विद्या की शिक्षा देने के लिए हिंदू विश्वविद्यालय का विशाल द्वार सबके लिए खुला है। भारतीय संस्कृति की तो बात ही क्या, ऋग्वेद की ऋचाओं से लेकर चौरपंचासिका तक के पढ़ानेवाले अनेक प्रकांड पंडित भरे पड़े हैं। बहुत सोच-विचार के बाद मैंने काशी जाने का निश्चय कर लिया था।

मैं उन दिनों लगभग पंद्रह साल का था। मुहूर्त देखा गया। मैं बड़ी उत्कंठा से उस दिन की प्रतीक्षा करता रहा जिस दिन मुझे यात्रा पर रवाना होना था। आखिर वह दिन आया। मैं शामवाली गाड़ी से काशी के लिए चल पड़ा। पिताजी मुझे काशी पहुँचाने साथ आ रहे थे। स्टेशन से ज्यों ही गाड़ी चली कि मेरे मन की आँखों में उज्ज्वल भविष्य के सुनहरे दृश्य झलमलाने लगे। उन दृश्यों को देखते-देखते ही मैं सो गया।

पिताजी ने जगाया, तब समस्तीपुर का जंक्शन बिजली के लट्टुओं की रोशनी में जगमगा रहा था। एक बार आँखें चौंधिया गईं। गाड़ी अपने नियत समय से पैंतीस मिनट देर से आई, सो भी गलत प्लेटफॉर्म पर। बड़ी दौड़-धूप करके और कुली को अतिरिक्त पैसे देकर जैसे-तैसे हम प्रयाग फास्ट पैसेंजर के डिब्बे में बैठ पाए।

सवेरे छपरा में हाथ-मुँह धोए। उसके बाद मैं तो जब-तब कुछ-न-कुछ खाता ही रहा, परंतु पिताजी ने रास्ते भर कुछ नहीं खाया। गाड़ी चलती रही, दिन भी ऊपर उठता

गया। औड़िहार में आकर पिताजी ने खोवा खरीदा। मुझे खाने को दिया, जो बहुत अच्छा लगा। फिर तो देखते-देखते ही पूरी गाड़ी खोवे के बड़े-बड़े थालों से भर गई। मालूम हुआ, यह सारा खोवा काशी जा रहा है और मैं भी काशी जा रहा हूँ। एक बार फिर मन झूम उठा।

औड़िहार से गाड़ी चल पड़ी। एकाध स्टेशन बाद प्राय: कादीपुर स्टेशन से ही सावन का मेह बरसने लगा। अलईपुर स्टेशन पर गाड़ी पहुँची, तब मूसलधार वर्षा होने लगी। पानी थमने पर सामान सहित भीगे हुए पिताजी और मैं रिक्शे पर बैठकर नगर की ओर चले।

नागरी प्रचारिणी सभा, टाउन हॉल, कोतवाली, बड़ा डाकघर, विशेश्वरगंज की सट्टी, मैदागिन का चौराहा आदि देखते हुए चौक पहुँच गए। वहीं पर पास में ही कचौड़ी गली में पिताजी के एक मित्र रहते थे। उन्हीं के घर सामान रखकर हम मणिकर्णिका घाट पर स्नान करने चले गए। शाम को विश्वनाथ की आरती देखकर माता अन्नपूर्णा के दर्शन किए, फिर दशाश्वमेध घाट तक आए।

दशाश्वमेध तथा आस-पास के सुंदर और विशाल भवनों को देखकर मैं चकित रह गया। वहाँ हजारों नर-नारी स्नान, ध्यान, पूजा-पाठ में लगे थे तथा नावों पर बैठे लोग इधर-उधर सैर कर रहे थे। घाटों पर छाए अजीब कोलाहल को देखता हुआ मैं पिताजी के साथ डेरे पर लौट आया।

दूसरे दिन मैं अपने अभीष्ट कार्य में जुट गया। इस यात्रा में मुझे कितने ऐसे विषयों का ज्ञान हुआ, जो जीवन-यात्रा में आज भी उपयोगी सिद्ध हो रहे हैं। जब कभी अवसर मिले, यात्रा अवश्य करनी चाहिए।

□

पुस्तकों का महत्त्व

पुस्तकों से हमें ज्ञान की प्राप्ति होती है। पुस्तकों के माध्यम से हम तरह-तरह की बातें जान सकते हैं। अच्छी पुस्तकें हमारे लिए बहुत लाभदायक होती हैं। इस प्रकार की पुस्तकों से हमें अच्छी और नई-नई बातों की जानकारी मिलती है, हमारा ज्ञान बढ़ता है। अच्छी पुस्तकें सबसे अच्छी दोस्त होती हैं। मैं हमेशा अच्छी पुस्तकें पढ़ता हूँ।

वैसे तो मैंने बहुत सारी पुस्तकें पढ़ी हैं, किंतु 'रामचरितमानस' ने मुझे अत्यधिक प्रभावित किया है। यह एक धार्मिक ग्रंथ ही नहीं वरन् साहित्यिक ग्रंथ भी है। प्रत्येक हिंदू इस ग्रंथ की देवता की तरह पूजा करता है। यह एक काव्य-ग्रंथ है, जो अवधी भाषा में लिखा गया है। इसमें चौपाई और दोहे हैं, जिन्हें गाया भी जाता है। इसके रचयिता गोस्वामी तुलसीदास हैं। हिंदी साहित्य में उनका उल्लेखनीय स्थान है। वे रामभक्त कवि थे। इस पवित्र पुस्तक ने मुझे इतना अधिक प्रभावित किया है कि मैं इसका वर्णन नहीं कर सकता। यह एक सरल पुस्तक है। इसकी भाषा सरल है। यह एक बहुमूल्य और आदर्श पुस्तक है। इस पुस्तक से हमें आध्यात्मिक ज्ञान, कर्तव्य-पालन, बड़ों का सम्मान तथा मुसीबत में धैर्य रखने की शिक्षा मिलती है।

प्रत्येक छात्र को अच्छी और शिक्षाप्रद पुस्तकों का अध्ययन करना चाहिए। इससे विद्यार्थियों के चरित्र-निर्माण पर गहरा असर पड़ता है। इस पुस्तक को पढ़ने से धर्म के मार्ग पर चलने की सीख मिलती है। इसलिए मेरी दृष्टि में 'रामचरितमानस' बहुत ही अच्छी पुस्तक है। 'रामचरितमानस' में मर्यादा पुरुषोत्तम श्रीराम के चरित्र का वर्णन है। राम एक आदर्श पुरुष थे। वे चौदह वर्ष तक लक्ष्मण व सीताजी सहित वन में रहे। वे एक आदर्श राजा थे। उन्होंने प्रजा की बातों को बहुत महत्त्व दिया। राम का शासनकाल आदर्शपूर्ण था, इसलिए उनका शासन 'राम राज' कहलाता था। सीता एक आदर्श नारी थीं। लक्ष्मण की भ्रातृभक्ति प्रशंसनीय है।

□

स्वास्थ्य का महत्त्व

मोटा मनुष्य ही स्वस्थ होगा, यह जरूरी नहीं है। दुबला-पतला व्यक्ति भी स्वस्थ रह सकता है। जीवन में सफलता प्राप्त करने के लिए अच्छा स्वास्थ्य बहुत जरूरी है। विद्यार्थी अगर स्वस्थ नहीं रहेंगे तो पढ़ने में मन नहीं लगेगा। वे हमेशा अपने को कमजोर महसूस करते रहेंगे।

संतुलित भोजन से स्वास्थ्य अच्छा रहता है। सभी को अपने भोजन में प्रोटीन, विटामिन्स तथा आवश्यक खनिज तत्त्वों को शामिल करना चाहिए। दूध, घी, मक्खन, फल, हरी सब्जियाँ आदि खाने से हमारा शरीर स्वस्थ रहता है। हमें समय पर भोजन करना चाहिए। स्वास्थ्य विषयक पुस्तकें पढ़कर हम स्वास्थ्य संबंधी ज्ञान प्राप्त कर सकते हैं।

स्वस्थ रहने के लिए हमें स्वच्छता पर भी ध्यान देना चाहिए। कपड़े और बिछावन आदि सभी साफ-सुथरे होने चाहिए। घर में सूर्य की रोशनी पर्याप्त मात्रा में आनी चाहिए। इससे कीटाणु मर जाते हैं। स्वास्थ्य के लिए अधिक देर तक सोना हानिकारक है। रात को जल्दी सोना और सुबह जल्दी उठना स्वास्थ्य के लिए बहुत जरूरी है।

□

हमारा स्वास्थ्य और व्यायाम

संसार में मनुष्य अनेक प्रकार के आनंद पाना चाहता है। उसके लिए सुंदर मकान, रुचिकर भोजन और आकर्षक वस्त्रों की इच्छा हमेशा बलवती रहती है। धन की राशि, राजप्रासाद तथा अन्य भौतिक वस्तुएँ उसके सुख के साधन हैं। सभी सुखों का मूल है—शरीर-सुख। सर्वप्रथम शरीर, इसके बाद और कुछ। यदि शरीर स्वस्थ (नीरोग) नहीं तो सारा वैभव व्यर्थ है। स्वास्थ्य का ठीक रहना सब प्रकार की संपत्ति प्राप्त करने के लिए आवश्यक है। सुख का आधार है—स्वास्थ्य। एक रोगी को राजमहल में भी नींद नहीं आ सकती, परंतु एक स्वस्थ श्रमिक सड़क के किनारे भी गहरी नींद ले लेता है। अत: संसार में सबसे जरूरी है स्वस्थ शरीर होना।

व्यायाम नियमित और निश्चित मात्रा में किया जाना चाहिए। प्राय: व्यायाम के लिए प्रात: अथवा सायंकाल का समय उपयुक्त होता है। स्थान ऐसा हो, जहाँ का वातावरण शुद्ध और खुला हो। बाग-बगीचे, तालाब या नदी किनारे पर व्यायाम करना और भी लाभदायक होता है। व्यायाम करते समय गहरी श्वासें लें। व्यायाम समाप्त करने पर कुछ देर खुली हवा में टहलना चाहिए। व्यायाम की समाप्ति पर तुरंत कोई खाद्य पदार्थ खाना हितकर नहीं है। नियत समय पर नियमित व्यायाम ही शरीर को स्वस्थ बना सकता है।

व्यायाम मनुष्य के दैनिक जीवन का एक आवश्यक कार्य होना चाहिए। व्यायाम करने से शरीर पुष्ट होता है। शरीर के सभी अंग सुडौल और सुंदर बन जाते हैं। मांसपेशियाँ ठीक-ठीक स्थानों पर नियमित हो जाती हैं। जठराग्नि (पाचन-शक्ति) तेज हो जाती है। जो कुछ भोजन किया जाता है, वह शीघ्र पच जाता है। शरीर में स्फूर्ति आती है। आलस्य दूर भागता है। शरीर में हलकापन रहता है। किसी प्रकार के रोग का आक्रमण नहीं होता। शरीर के सभी अंग काम करने के लिए सजग रहते हैं। मन हमेशा प्रसन्न रहता है। व्यायाम मनुष्य के लिए उसी प्रकार सुखदायक है जैसे वर्षा ऋतु में छाता पानी रोकता है। व्यायाम रोगों से हमारी रक्षा करता है।

प्रत्येक व्यक्ति को व्यायाम करना चाहिए। संसार में आनंद प्रत्येक व्यक्ति चाहता है। आनंद का एकमात्र साधन है स्वास्थ्य का अच्छा रहना। यह स्वास्थ्य तभी ठीक रह सकता है जब नियमित व्यायाम किया जाए। महर्षि चरक का कहना है कि व्यायाम करनेवाले पुरुष के शरीर पर बुढ़ापा जल्दी आक्रमण नहीं कर सकता। व्यायाम की महत्ता का बखान करते हुए किसी कवि ने इसके द्वारा प्राप्त होनेवाले लाभों के बारे में कहा है—

"स्वास्थ्य आयु बल ओज छवि भूख विवर्द्धन काम।
रोग हरन मंगल करन, कीजै नित व्यायाम॥"

□

रेडियो का महत्त्व

विज्ञान के चमत्कारों ने मनुष्य को आश्चर्यचकित कर दिया है, अथवा यह भी कह सकते हैं कि असंभव को संभव करके दिखा दिया है। रेल, विद्युत्, मोटर, सिनेमा, बेतार का तार इत्यादि विज्ञान की ही कृपा से प्राप्त हुए हैं। रेडियो तो मनुष्य-जाति के लिए बहुत ही उपयोगी सिद्ध हुआ है।

रेडियो के द्वारा बिना किसी तार की सहायता के एक स्थान के समाचार दूर-दूर स्थानों पर भेजे जा सकते हैं। इसका उपयोग दूर-दूर के समाचार सुनने, गीत व व्याख्यान आदि सुनने में किया जाता है, जहाँ से इन सबका प्रसारण किया जाता है। उसे प्रसारण-केंद्र या 'ब्रॉडकास्टिंग स्टेशन' कहते हैं। उस स्टेशन से भेजे समाचार उन सब लोगों के पास पहुँच जाते हैं, जिनके पास यह रेडियो होता है, चाहे वह ब्रॉडकास्टिंग स्टेशन से कितनी ही दूर क्यों न हो। यदि लंदन के ब्रॉडकास्टिंग स्टेशन से समाचार भेजा जाए तो यहाँ वह कुछ मिनटों में ही आ जाएगा, और जिसके पास रेडियो है, वह उस समाचार को सुन सकेगा। कितना अनोखा आविष्कार है यह! इससे घर बैठे ही देश-विदेश के सारे समाचार सुने जा सकते हैं।

इसका आविष्कार इटली के एक वैज्ञानिक ने सन् १८९६ में किया था। उन महाशय का नाम जी. मारकोनी था। वह सन् १८७५ से ही इसके प्रयोग कर रहे थे। उनके आविष्कार के पश्चात् अब तक के रेडियो में उत्तरोत्तर सुधार होते जा रहे हैं और इसकी उन्नति के लिए बड़े-बड़े वैज्ञानिक प्रयत्नशील हैं।

रेडियो का सबसे पहला ब्रॉडकास्टिंग स्टेशन इंग्लैंड में बनाया गया था। अब तो धीरे-धीरे अनेक देशों में कई ब्रॉडकास्टिंग स्टेशन खुल चुके हैं।

रेडियो से अनेक लाभ हैं। सबसे बड़ा लाभ तो यह है कि दूर-से-दूर स्थित स्थानों के समाचार हमें तत्काल सुनने को मिल जाते हैं। जब रेडियो नहीं था तब इस कार्य में बहुत लंबा समय लगता था। अब तो न्यूयॉर्क के भाषण को रेडियो की सहायता से हम वैसे ही सुन सकते हैं जैसे न्यूयॉर्क में बैठा हुआ व्यक्ति सुनता है।

इसके अतिरिक्त रेडियो मनोरंजन का एक श्रेष्ठ और सस्ता साधन है। अच्छे-से-अच्छे गायक का गीत हम घर बैठे सुन सकते हैं। इसके पहले लोग ग्रामोफोन से मन बहलाते थे। मनोरंजन के अतिरिक्त इससे एक बड़ा लाभ यह भी हुआ है कि इसके आविष्कार से समुद्री यात्रा बहुत कुछ भय-रहित हो गई है। समुद्री जहाजों में रेडियो लगे रहते हैं। ब्रॉडकास्टिंग स्टेशन से इन जहाजों को खतरे की सूचना दे दी जाती है। इस प्रकार वे सावधान हो जाते हैं और आनेवाले संकट से बच जाते हैं। रेडियो के अभाव में इन जहाजों को न जाने कितने प्राणों और माल की आहुति देनी पड़ती थी।

इसके अतिरिक्त रेडियो से शिक्षा के प्रचार में बहुत मदद मिल सकती है। यदि जगह-जगह रेडियो लगवा दिए जाएँ और किसी ब्रॉडकास्टिंग स्टेशन से किसी वैज्ञानिक द्वारा व्याख्यान दिलवाया जाए तो उसे सुनकर लोग उससे काफी लाभ उठा सकते हैं। इसी प्रकार नई-नई बातें भी बताई जा सकती हैं और जनता में जागृति उत्पन्न की जा सकती है।

रेडियो प्रचार का भी एक अच्छा साधन है। रेडियो द्वारा हम अपनी बातों को कम-से-कम समय में दूर-से-दूर स्थानों तक पहुँचा सकते हैं।

व्यापारियों के लिए तो यह बड़े काम की चीज है। बाजार भाव तथा नई-नई वस्तुओं की जानकारी इसके माध्यम से प्राप्त की जा सकती है। इस प्रकार उन्हें व्यापार में सुविधा मिल सकती है। बड़ी-बड़ी कंपनियाँ अपने उत्पादों के विज्ञापन भेज सकती हैं और अपने व्यापार का विस्तार कर सकती हैं।

किसी विचार के विरोध या पक्ष में प्रचार करने के लिए रेडियो सर्वोत्तम साधन है। समाचार-पत्रों और पुस्तकों में लिखी हुई बातों को केवल पढ़े-लिखे ही जान सकते हैं, परंतु रेडियो द्वारा अनपढ़ों तक भी संदेश भेजा जा सकता है। रेडियो द्वारा ग्राम-सुधार के कार्य बड़ी सुगमतापूर्वक किए जा सकते हैं। भारत में असाक्षरों की संख्या बहुत अधिक है। समाचार-पत्र और पुस्तकें उनके लिए व्यर्थ हैं। वे दुनिया की दौड़ में बहुत पीछे हैं। उन्हें अशिक्षा के इस गड्ढे से निकालने का काम रेडियो द्वारा सुगमता से किया जा सकता है। यदि ग्राम-सुधार का एक ब्रॉडकास्टिंग स्टेशन अलग से बनवा दिया जाए और उससे देहात के जीवन से संबंधित बातें उन लोगों तक पहुँचाई जाएँ तो बहुत लाभ हो सकता है। उनकी सामाजिक कुरीतियों, अंध-विश्वासों और रूढ़ियों को दूर करने में जितनी सहायता रेडियो से मिल सकती है उतनी शायद ही किसी अन्य माध्यम से मिल सके। कृषि से संबंधित नवीन बातें बताकर किसानों की आर्थिक दशा में भी सुधार किया जा सकता है। रेडियो के द्वारा किसानों को नए-नए खाद, उन्नत किस्म के बीज तथा कृषि-यंत्रों के बारे में तथा मौसम संबंधी जानकारी देकर उपयोगी सहायता की जा सकती है।

दूरदर्शन के आने के बाद भी गाँवों में इसकी लोकप्रियता पर कोई विशेष प्रभाव

नहीं पड़ा है। शहरों से अधिक गाँवों में इसका प्रचार बड़ी शीघ्रता से बढ़ रहा है।

जब से 'एफ.एम.' (Frequency Module) और 'ज्ञानवाणी' चैनल शुरू हो गए हैं तब से रेडियो की महत्ता और उपयोगिता और बढ़ गई है। इस कारण रेडियो की माँग काफी बढ़ गई है।

□

दूरदर्शन की उपयोगिता

आज घर-घर में टेलीविजन हैं। टेलीविजन एक प्रभावशाली प्रचार माध्यम बन चुका है। इस पर दिन-रात कोई-न-कोई कार्यक्रम आता ही रहता है। फिल्म, चित्रहार, रामायण, महाभारत, और अनेक धारावाहिक कार्यक्रम तो बूढ़ों से लेकर बच्चों तक सबकी जुबान पर रहते हैं। सारे काम-कंधे को छोड़कर लोग इन कार्यक्रमों को देखने के लिए टी.वी. सेट के करीब खिंचे चले आते हैं।

रेडियो-प्रसारण में वक्ता अथवा गायक की आवाज रेडियोधर्मी तरंगों द्वारा श्रोता तक पहुँचती है। इस कार्य में ट्रांसमीटर की मुख्य भूमिका होती है। रेडियो तरंगें एक सेकंड में ३ लाख कि.मी. की गति से दौड़ती हैं। दूरदर्शन में जिस व्यक्ति अथवा वस्तु का चित्र भेजना होता है, उससे परावर्तित प्रकाश की किरणों को बिजली की तरंगों में बदला जाता है, फिर उस चित्र को हजारों बिंदुओं में बाँट दिया जाता है। एक-एक बिंदु के प्रकाश को एक सिरे से क्रमश: बिजली की तरंगों में बदला जाता है। इस प्रकार टेलीविजन का एंटेना इन तरंगों को पकड़ता है।

विद्युत् तरंगों से सेट में एक बड़ी ट्यूब के भीतर 'इलेक्ट्रॉन' नामक विद्युत् कणों की धारा तैयार की जाती है। ट्यूब की भीतरी दीवार में एक मसाला लगा होता है। इस मसाले के कारण चमक पैदा होती है। सफेद भाग पर 'इलेक्ट्रॉन' का प्रभाव ज्यादा होता है और काले भाग पर कम।

टेलीविजन समुद्र के अंदर खोज करने में बड़ा सहायक सिद्ध हुआ है। चाँद के धरातल का चित्र देने में भी यह सफल रहा। आज बाजार में रंगीन, श्वेत-श्याम, बड़े, मझले तथा छोटे हर तरह के टेलीविजन सेट उपलब्ध है।

सन् १९२५ में टेलीविजन का आविष्कार हुआ था। ग्रेट ब्रिटेन के एक वैज्ञानिक जॉन एल. बेयर्ड ने टेलीविजन का आविष्कार किया था।

हमारे देश में टेलीविजन द्वारा प्रयोग के तौर पर १५ सितंबर, १९५१ को नई दिल्ली के आकाशवाणी केंद्र से इसका प्रथम प्रसारण किया गया था। प्रथम सामान्य

प्रसारण नई दिल्ली से १५ अगस्त, १९६५ को किया गया था। और हाँ, एक समय ऐसा आया, जब आकाशवाणी और दूरदर्शन एक-दूसरे से अलग हो गए। इस तरह से १ अप्रैल, १९७६ को दोनों माध्यम एक-दूसरे से स्वतंत्र हो गए।

टेलीविजन के राष्ट्रीय कार्यक्रमों का प्रसारण 'इनसेट-१ ए' के माध्यम से १५ अगस्त, १९८२ से प्रारंभ हो गया था। उसके बाद आंध्र प्रदेश, उड़ीसा, उत्तर प्रदेश, गुजरात, बिहार, महाराष्ट्र में इसके प्रसारण केंद्र खोले गए। इस तरह टेलीविजन के विविध कार्यक्रमों का प्रसारण होने लगा।

भारत में टेलीविजन तेजी से चर्चित होता जा रहा है। सन् १९५१ में टी.वी. ट्रांसमीटर की संख्या मात्र १ थी। यह ट्रांसमीटर दिल्ली में स्थापित किया गया था। इनकी संख्या बढ़ते-बढ़ते सन् १९७३ में ५ और १९८३ में ४२ तक पहुँच गई। वर्ष १९८४ में यह संख्या १२६ थी। कम शक्ति के ट्रांसमीटरों (लो पॉवर ट्रांसमीटर्स) की स्थापना के साथ ही देश में टी.वी. ट्रांसमीटरों की संख्या १६६ हो गई।

५ सितंबर, १९८७ तक देश के पास २०९ ट्रांसमीटर थे। इनके बारह पूर्ण विकसित केंद्र, आठ रिले ट्रांसमीटर वाले छह इनसेट केंद्र (एक अपने रिले ट्रांसमीटर के साथ) और १८३ लो पॉवर ट्रांसमीटर थे।

टेलीविजन आज अपने लगभग ३०० ट्रांसमीटरों के साथ देश के ४७ प्रतिशत क्षेत्र में फैली ७० प्रतिशत आबादी की सेवा करता है।

सबसे बड़ी बात यह है कि दूरदर्शन के माध्यम से हम घर बैठे दुनिया की सैर कर लेते हैं। स्वतंत्रता दिवस, गणतंत्र दिवस, फिल्मोत्सव, ओलंपिक और क्रिकेट मैचों के सजीव प्रसारण देखकर मन झूम उठता है। समय-समय पर कई विशेष कार्यक्रमों का प्रसारण तो देखते ही बनता है।

□

गाय और उसकी उपयोगिता

एक दिन मेरे मित्र अपने भाई के भोलेपन का वर्णन करते हुए कहने लगे, "अरे साहब, उनकी कुछ न कहिए। वे तो इतने सीधे हैं कि लोग उन्हें 'गऊ' कहते हैं।" वास्तव में, जब हम किसी में सीधेपन की मात्रा अधिक देखते हैं तब उसे 'गऊ' की उपाधि दे देते हैं, यानी संसार में गऊ से सीधा जीव कोई है ही नहीं। इसी कारण सब लोग उसका उदाहरण देते हैं। संसार के समस्त जीवों में सिधाई के विचार से इसका स्थान प्रथम है।

यह एक पालतू चौपाया है, जो संसार के समस्त देशों में पाया जाता है। जंगली गायें बहुत कम देखने में आती हैं। इनकी अनेक जातियाँ हैं। भारत में ही अनेक किस्म और रंगों की गायें देखी जाती हैं। इनका भोजन साधारणतया घास है; परंतु भूसा, खली आदि भी इन्हें पसंद है।

वास्तव में इसके खाने का ढंग बड़ा ही दिलचस्प है। इसके निचले जबड़े में आठ दाँत होते हैं और ऊपर के जबड़े में एक भी दाँत नहीं होता; बल्कि एक गद्दी-सी बनी होती है। इस गद्दी और दाँतों के सहारे गाय पहले घास चरती जाती है और उसे ज्यों-की-त्यों निगलती जाती है। जब इसका पेट भर जाता है तब फिर किसी एक स्थान में बैठकर उस खाए हुए भोजन को वह पुनः मुँह में लाती है और उसे धीरे-धीरे चबाती है। इस क्रिया को 'जुगाली करना' कहते हैं। गाय जुगाली करनेवाले पशुओं में से एक है।

गाय एक ऐसा पशु है, जो जीते-जी तो लाभ पहुँचाता ही है, मरकर भी कुछ-न-कुछ उपकार करता है। दूध, दही, घी—जिन्हें हम अमृत का नाम देते हैं, सब गाय ही देती है। गाय दिन में प्रायः दो बार दूध देती है—प्रातः और संध्या समय। दूध मनुष्य के लिए अति पौष्टिक भोजन है। दूध से अनेक प्रकार की चीजें बनाई जाती हैं।

□

भारत का गौरव : हिमालय

दुनिया में बहुत से बड़े पर्वत हैं। हिमालय संसार के सब पर्वतों का राजा है। इसलिए इसे 'गिरिराज' भी कहा जाता है। यह सबसे लंबा, सबसे चौड़ा और सबसे ऊँचा पर्वत है। अफगानिस्तान की सीमा से लेकर म्याँमार तक इसका विस्तार है। इसकी शाखाएँ रूस और चीन तक जा पहुँची हैं। जिस प्रकार समुद्र अनंत और अथाह है, वैसे ही हिमालय भी विराट् है।

हिमालय दो शब्दों से बना है—हिम + आलय। 'हिम' का अर्थ है—बर्फ और 'आलय' का अर्थ है—घर; अर्थात् बर्फ का घर। तात्पर्य यह कि हिमालय के ऊपर बारह महीने बर्फ जमी रहती है। इसी पर्वत के ऊपर मानसरोवर झील है। उसी के समीप कैलास पर्वत है, जो शिवजी का निवास-स्थान है। हिमालय की ही गोद में देवी पार्वती का जन्म हुआ। हमारे देश के कश्मीर, पंजाब, उत्तर प्रदेश, बिहार, बंगाल और असम राज्य हिमालय के चरणों में बसे हुए हैं। देश की सभी बड़ी नदियाँ जैसे—सिंधु, गंगा, यमुना, कोसी और ब्रह्मपुत्र हिमालय से ही निकली हैं। इसकी सबसे ऊँची चोटी का नाम एवरेस्ट है, जो २९,००० फीट ऊँची है। इस चोटी पर सबसे पहले सन् १९५३ में शेरपा तेनसिंह ने चढ़ने में सफलता प्राप्त की।

हिमालय का मनोहारी दृश्य संसार में बेजोड़ माना जाता है। दार्जिलिंग का सूर्योदय और कश्मीर का सूर्यास्त देखते ही बनता है। दूर-दूर से पर्यटक दार्जिलिंग में सुबह का दृश्य देखने के लिए इकट्ठा होते हैं। सूर्य की पीली किरणें बर्फ के ऊपर पड़ती हैं तो सारा पहाड़ सोने-सा चमकने लगता है; फिर थोड़ी ही देर में वह चाँदी का पहाड़ हो जाता है। ऐसे ही हिमालय क्षेत्र में लगे चाय के बगीचे, अपने आप उगे जंगल, स्थान-स्थान पर झरने, विभिन्न पशु-पक्षियों की मधुर आवाजें मन को मोहनेवाली होती हैं। देहरादून, नैनीताल, शिमला और मसूरी अपने ढंग से बेजोड़ पहाड़ी शहर हैं। बदरीनाथ का तीर्थ हिमालय में ही है। हिमालय की गोद में बसा कश्मीर तो पृथ्वी का स्वर्ग ही है। कश्मीर की प्राकृतिक छटा देखने के लिए लाखों यात्री हर वर्ष वहाँ जाते हैं।

१. हिमालय से नदियों को वर्ष भर जल मिलता है, जिससे भारत हरा-भरा बना हुआ है।
२. हिमालय रूस की ओर से आनेवाली उत्तर की ठंडी हवाओं को रोकता है, जिससे देश की जलवायु बिगड़ने नहीं पाती।
३. हिमालय से टकराकर मानसून भारत में वर्षा कराता है।
४. पूरे हिमालय क्षेत्र में बड़े-बड़े जंगल हैं, जिनसे इमारती और जलाने की लकड़ियाँ प्राप्त होती हैं।
५. हिमालय क्षेत्र में उपयोगी जड़ी-बूटियाँ पाई जाती हैं, जिससे औषधियाँ तैयार की जाती हैं।
६. हिमालय क्षेत्र में अनेक खानें हैं, जिनसे देश की समृद्धि बढ़ती है।
७. हिमालय क्षेत्र में बहुत से जंगली पशु पाए जाते हैं, जिनका चमड़ा, मांस और हड्डियाँ काम में आती हैं।
८. हिमालय उत्तर से आनेवाले शत्रुओं से देश की रक्षा करता है।
९. अपनी सुंदरता और प्राकृतिक छटा के कारण हिमालय ने कवियों को प्रेरणा दी है। कवि कालिदास इससे विशेष रूप से प्रभावित थे।

□

बाढ़ का दृश्य

एक समय की बात है; जब हमारे नगर इलाहाबाद को भीषण बाढ़ का सामना करना पड़ा था। उस समय मैं बहुत छोटा था तथा तीसरी कक्षा में पढ़ता था। मैं स्वयं तो समाचार-पत्र नहीं पढ़ सकता था, किंतु उन दिनों प्राय: नित्य की चर्चा का विषय बाढ़ ही रहा करता था। जैसे ही समाचार-पत्र वाहक का स्वर सुनाई पड़ता, 'अखबार ले जाओ', वैसे ही भैया एवं दीदी झपटकर बाहर दौड़ते और अखबार की खींचतान मच जाती। अंत में माताजी अथवा पिताजी उन्हें शांत करते, फिर हम सब अतीव उत्सुकता से बाढ़ की खबरें सुनने बैठ जाते। एक दिन पिताजी ने अति चिंतित होकर हमें समाचार सुनाया कि आगरा और दिल्ली की ओर भारी वर्षा हो रही है, जिससे यमुना नदी में भीषण बाढ़ आ गई है।

उन दिनों इलाहाबाद में भी वर्षा की झड़ी लगी हुई थी और गंगा में भी बाढ़ आने लगी थी। हमारा शहर इलाहाबाद तीन दिशाओं से गंगा और यमुना नदियों से घिरा हुआ था, इसलिए यह पूरी आशंका थी कि हमें भीषण बाढ़ का प्रकोप सहना पड़े। दूसरे दिन ही पिताजी ने हमें समाचार-पत्र में छपी खबर सुनाई, "कल तक प्रयाग को भी भीषण बाढ़ का सामना करना पड़ेगा।" जिधर देखिए, उधर बाढ़ की ही चर्चा हो रही थी और सभी लोग भयभीत दिखाई दे रहे थे। तभी बड़े भैया कहीं से घूम-फिरकर लौटे। उन्होंने बताया कि गंगा और यमुना दोनों ही बहुत बढ़ गई हैं और यह सत्य है कि कल-परसों तक ये नदियाँ अपनी सीमा पार करके सड़कों पर भी प्रवाहित होने लगेंगी। हमारा घर जिस मुहल्ले में है, वह गंगा-यमुना के अत्यंत निकट है। जब भी गंगा-यमुना में बाढ़ आती है तो हमारे मुहल्ले तक बाढ़ का पानी लहराने लगता है और नावें चलने की नौबत आ जाती है। इसलिए मुहल्ले में सनसनी फैल गई और मुहल्लेवाले अपने-अपने सामान सुरक्षित स्थानों में स्थानांतरित करने लगे। पिताजी ने भी तुरंत घर-गृहस्थी का सब सामान अपने एक मित्र के घर पहुँचा देने की व्यवस्था की और फिर हम सब लोग भी उन्हीं के घर चले गए। कुछ व्यक्ति सरकारी शिविरों में और अपने सगे-संबंधियों के घर चले गए,

जहाँ बाढ़ आने का खतरा नहीं था।

किसी प्रकार त्रस्त नगरवासियों ने रात व्यतीत की और सवेरा हुआ। आकाश उस समय काले-काले मेघों से आच्छादित था। किंतु जिधर देखो उधर बादलों की उपेक्षा करके लोग बाढ़ देखने के लिए चल पड़े। हम भी अपने परिवार के साथ गऊघाट पहुँचे। यमुना का पुल अर्थात् गऊघाट तक पहुँचने में मार्ग में जितने मुहल्ले मिले, वे सभी जल में डूबे हुए थे। मैं जिस विद्यालय में पढ़ता था वह मुट्ठीगंज में स्थित है। मेरे विद्यालय के सामनेवाली सड़क पर, जो यथेष्ट ऊँचाई पर है, भी यमुना का जल ठाठें मार रहा था। यमुना के पुल पर खड़े होकर देखने से ऐसा प्रतीत होता था, मानो जल-प्लावन हो गया हो। चारों ओर जल-ही-जल दिखाई देता था। यमुना का जल खतरे के बिंदु पर थपेड़े मार रहा था। यमुना का पुल मानव-समूह से खचाखच भरा था। यमुना मैया अपना प्रकोप शांत करें, इसलिए जन-समुदाय प्रार्थना करके उन्हें फूल-माला अर्पित कर रहा था। अपार जल राशि की गर्जना मनुष्य ही नहीं, पशु-पक्षियों के हृदयों को भी आतंकित कर रही थी। वृक्षों पर भयभीत पक्षी भयावह शोर मचा रहे थे।

यमुना पार के ग्रामों का तो बुरा हाल था। समस्त खेती जल-प्लावित हो गई थी। ग्रामीणजनों के घर, फूस के छप्पर तक यमुना में बहते नजर आ रहे थे। ग्रामीणों के कोठिलों और ड्रमों में भरा अनाज तथा पशुओं के लिए संचित चारा आदि सब घर में पानी भर जाने के कारण नष्ट हो गए थे। यमुना के जल में बहती हुई अगणित मानव और पशु-पक्षियों की लाशें, अपार जलराशि में भीषण थपेड़ों से संघर्ष करके टूटे हुए पेड़-पल्लवों की शाखाएँ, भँवर के चक्कर में पड़कर डूबती हुई नौकाएँ तथा अपने जीवन की रक्षा हेतु जल से संघर्ष करते त्रस्त व भयभीत व बहते हुए जीवित पशु-पक्षी सम्मिलित रूप में एक ऐसा भयावह दृश्य उपस्थित कर रहे थे कि मेरा बाल-मस्तिष्क आतंकित हो उठा।

मुझे आज भी स्मरण है कि मैं डर के मारे आँखें बंद करके यमुना के पुल पर ही अपनी माँ से लिपट गया था और जोर-जोर से रोने लगा था। मुझे अत्यधिक भयभीत देखकर पिताजी सपरिवार घर लौट आए थे। उस रात मैं सो नहीं सका था। आँखें बंद करते हुए भी विनाशकारी भयावह दृश्य चलचित्र की भाँति नृत्य करने लगते थे और मैं डर के मारे आँखें खोल देता था।

दूसरे दिन गंगा नदी की बाढ़ देखने के लिए कोई भी नहीं जा सका था। आज भी जब मैं उस विकराल बाढ़ को याद करता हूँ तब भय-मिश्रित आनंद से मेरा रोम-रोम रोमांचित हो उठता है।

बाढ़ तो जैसे आई थी वैसे ही चली भी गई थी, किंतु उसका कितना भारी नुकसान प्रयागवासियों को सहना पड़ा, उसका लेखा-जोखा कौन करे! न जाने कितनी बड़ी संख्या

में जन-धन की हानि हुई। बाढ़ का पानी जब सूखने लगा तब दलदल और नमी के कारण मच्छरों की बन आई और मलेरिया ने भीषण रूप धारण किया। स्थान-स्थान पर सड़ाँध के कारण भयानक असहनीय दुर्गंध फैल गई थी। इससे अनेकानेक संक्रामक बीमारियाँ फैलीं। दाद, खाज आदि चर्म रोगों ने तो वहाँ के लोगों का जीवन ही दूभर कर दिया था। कृषि-हानि के कारण कितने ही निर्धन व्यक्ति भूखों मर गए।

इस प्रकार न जाने कितने व्यक्ति असमय ही काल-कवलित हो गए। आज भी जब मैं समाचार-पत्रों में पढ़ता हूँ कि कहीं बाढ़ आ गई है तो मेरे मानस-पटल पर वही दृश्य अंकित हो जाते हैं, जो मैंने बाल्यावस्था में गंगा और यमुना में बाढ़ आने पर प्रयाग में देखे थे। आज भी मैं बाढ़ के उन विनाशकारी दृश्यों का स्मरण कर सिहर उठता हूँ। मैं ईश्वर से यही प्रार्थना करता हूँ कि कभी किसी शहर अथवा ग्राम को बाढ़ के प्रकोप का सामना न करना पड़े।

□

परीक्षा के बाद मैं क्या करूँगा?

आजकल बहुत से पढ़े-लिखे युवक नौकरियों की खोज में इधर-उधर मारे-मारे फिर रहे हैं, क्योंकि सरकारी नौकरियों में कठिन परिश्रम नहीं करना पड़ता और कुरसी मिलती है बैठने को। वहीं नौकरियाँ भी बहुत कम हैं। अब वह समय आ गया है कि शिक्षित लोग अपना ध्यान उस कृषि-कर्म की ओर दें, जिसे वे तुच्छ काम समझते हैं। आजकल के पढ़े-लिखे युवक परिश्रम के मूल्य को नहीं जानते हैं।

प्रत्येक वह लड़का, जो हाई स्कूल उत्तीर्ण कर लेता है, बड़ी महत्त्वाकांक्षाएँ पालने लगता है। कभी सोचता है—मैं थानेदार बनूँगा, तहसीलदार बनूँगा। कभी वह सोचता है—मैं अंग्रेजी माध्यम के स्कूल में अध्यापक बनूँगा। कदाचित् ऐसे सोचनेवालों में से एक-दो की ही इच्छा पूर्ण होती हो, शेष विद्यार्थियों को अपने मनोरथ में असफल रहने के कारण बड़ा कष्ट होता है। परिणाम यह होता है कि बाद में वे लोग कृषि आदि कार्य करने में अपना अपमान समझते हैं और इस तरह नौकरी की खोज में इधर-उधर भटकते रहते हैं। इस कारण मैंने यह निश्चय किया है कि परीक्षा उत्तीर्ण करने के बाद मैं नौकरी के चक्कर में न पड़कर वैज्ञानिक पद्धति से कृषि करूँगा। इसके पहले कि मैं कृषि-कार्य प्रारंभ करूँ, मैं कुछ काल के लिए कृषि कॉलेज में प्रशिक्षण लूँगा तथा वहाँ पर मैं कृषि संबंधी सारी नवीन बातों एवं जानकारियों से परिचित होऊँगा और सीखूँगा।

भारत एक कृषि-प्रधान देश है। यहाँ ९० प्रतिशत जनसंख्या कृषि पर निर्भर है; परंतु वे सब पुराने लकीर के फकीर होने के कारण नियमों का प्रयोग करना धर्म के विरुद्ध समझते हैं। वे लोग हड्डियों से बनी खाद का मूल्य नहीं जानते। इसलिए मैंने सफल कृषक बनने के लिए किसी कृषि कॉलेज में पढ़ना निश्चित किया है।

मैंने योजना बनाई है कि हाई स्कूल परीक्षा उत्तीर्ण करने के बाद एक-दो वर्ष इलाहाबाद अथवा कानपुर के किसी कृषि कॉलेज में प्रशिक्षण प्राप्त करूँगा और उसके बाद अपने गाँव लौटकर अपने खेतों में उन सब बातों को प्रयोग में लाऊँगा। इस प्रकार जनता के सम्मुख एक आदर्श उपस्थित करूँगा, साथ ही यदि ग्रामवासी उसे पसंद करें

और चाहें कि वे भी नवीन आविष्कारों से लाभ उठाएँ तो मैं उनकी भरपूर मदद करूँगा, अर्थात् अपने समय का कुछ भाग ग्रामवासियों की शिक्षा-दीक्षा के लिए नियत कर दूँगा। जो बातें मैं दो वर्षों में सीखूँगा, उन्हें मैं दो महीने में ही सब किसानों को बता दूँगा।

वह कैसा शुभ दिन होगा, जब हमारे कृषक बंधु अपने खेतों से उन्नत फसल उगाकर अधिकाधिक लाभ प्राप्त करेंगे। इतना ही नहीं, नवीन जानकारियाँ प्राप्त करके कृषि में आधुनिक यंत्रों की सहायता से उच्च पैदावार लेकर अन्य किसानों के लिए आदर्श उपस्थित करेंगे।

□

धन का सदुपयोग

धन के सदुपयोग का अर्थ है—धन को अनावश्यक व्यय न करना वरन् सत्कार्यों में लगाना। किसी मनुष्य के पास यदि अधिक धन है तो उसे चाहिए कि वह उस धन को अपने ऐशो-आराम पर व्यय न करे। इसी को 'धन का सदुपयोग' कहते हैं।

सभी कार्य धन से सिद्ध होते हैं। धन अत्यंत बलशाली है। सारा संसार धन के फेर में रहता है। यदि धन न हो तो सारे बाजार सूने पड़ जाएँ; धर्मशालाएँ, मंदिर तथा मसजिद दिखाई न पड़ें। विशाल भवनों और राजमार्गों का नामोनिशान न हो। संक्षेप में कह सकते हैं कि संसार के सारे कार्य बंद हो जाएँ।

धन के बिना मनुष्य का कोई काम सिद्ध नहीं हो सकता। मनुष्य का जीवन धन पर ही निर्भर है। किसी मनुष्य के पास यदि धन है तो वह अच्छे कपड़े पहनेगा तथा पौष्टिक भोजन करेगा।

जब धन एक ऐसी वस्तु है कि इसके बिना मनुष्य को इच्छित फल नहीं मिल सकता और जीवन-निर्वाह करना दुष्कर है, तब प्रत्येक मनुष्य का परम कर्तव्य है कि वह ऐसी हितकर तथा अमूल्य वस्तु की रक्षा और मितव्ययता पर अधिक ध्यान दे। मनुष्य नहीं जानता कि उसके ऊपर कब, कौन सी आपदा आ जाए, जिसके कारण उसे धन की आवश्यकता पड़े। इसलिए प्रत्येक मनुष्य को चाहिए कि वह थोड़ा-बहुत धन अवश्य बचाकर रखे। इसका अर्थ यह नहीं कि मनुष्य भूखा रहकर और कंजूसी दिखाकर धन बचाए, वरन् वस्त्र एवं अन्य जरूरी चीजें खरीदने के बाद जो धन शेष रहे, उसे व्यर्थ में नष्ट न करे। किसी कवि ने इस विषय में उचित ही कहा है—

"मति न नीति है गलति, जो धन रखिए जोड़।
खाए खर्चे जो बचे, तो जोरिए करोड़॥"

जो मनुष्य धन का सदुपयोग करते हैं, वे सुखपूर्वक जीवन व्यतीत करते हैं। उन्हें धनाभाव का कष्ट नहीं भोगना पड़ता है। धन का सदुपयोग करनेवाला मनुष्य ही सामाजिक कार्यों में हाथ बँटा सकता है।

यह कौन नहीं जानता कि यदि धन का दुरुपयोग किया जाएगा तो इसका अवश्य ही बुरा परिणाम निकलेगा। जो मनुष्य धन का दुरुपयोग करता है, वह कदापि सुखी नहीं रह सकता। परिणाम यह होगा कि वह सदा धन प्राप्त करने में लगा रहेगा और इस पर भी उसकी आवश्यकताएँ पूरी नहीं होंगी। संसार में ऐसे अनेक उदाहरण हैं कि जो व्यक्ति पहले बड़े धनवान् थे, परंतु धन का दुरुपयोग करने के कारण इतने निर्धन हो गए कि उन्हें खाने तक के लाले पड़ गए।

यद्यपि धन बड़े काम की वस्तु है, तथापि इसमें कुछ बुराइयाँ भी हैं—धन की अधिक चाह से मनुष्य लालची हो जाता है। वह धन प्राप्त करने के लिए सत्पुरुषों को भी धोखा देता है। कभी-कभी वह धन-प्राप्ति के लिए मनुष्य के प्राण लेने तक के लिए उद्यत हो जाता है। धनवान् मनुष्य को चाहिए कि वह अपने कुटुंबों पर भी धन का सार्थक व्यय करे। शेष धन को सार्वजनिक कार्यों में व्यय कर देना चाहिए, जिससे जनता अधिक-से-अधिक लाभ प्राप्त कर सके। यदि कोई मनुष्य आज धनहीन है तो कुछ कालोपरांत धनवान् हो सकता है। अतएव प्रत्येक मनुष्य को जीवन में एक-दूसरे की सहायता करनी चाहिए।

संसार में ऐसे अनेक उदाहरण हैं कि बड़े-से-बड़े धनी लोगों ने दूसरे के हितार्थ कुछ नहीं किया और उनका धन व्यर्थ में नष्ट हो गया। वहीं उनसे कम धनी, परंतु बुद्धिमान व्यक्तियों ने दूसरों के लिए अपना धन व्यय किया। उदार और धार्मिक प्रवृत्ति के धनिकों की कृपा से निर्धन विद्यार्थी शिक्षा प्राप्त कर रहे हैं; रोग-पीड़ितों को दवाएँ और अनाथों को आश्रय मिल रहा है।

□

विद्या-धन सबसे बड़ा धन है

"विद्या के सम धन नहीं, जग में कहत सुजान।
विद्या से अनुज लघु, होते भूप समान॥"

मनुष्य एक सामाजिक प्राणी है। खान-पान और रहन-सहन के अतिरिक्त उसकी कुछ अन्य आवश्यकताएँ भी हैं। इन आवश्यकताओं की पूर्ति के लिए उसे साधन ढूँढ़ने पड़ते हैं। साधनों का मूल है—धन, ज्ञान, चातुर्य और इनका आधार 'विद्या' है। इसलिए यह विद्या एक अनोखा धन है, जो दान करने से तो बढ़ता है, परंतु गाड़कर रखने से नष्ट हो जाता है।

विद्या अमूल्य और अनश्वर धन है। इसका नाश कभी नहीं होता। लेकिन अन्य सभी धन नष्ट हो जाते हैं। स्वर्णमयी लंका को रावण भस्म होने से न बचा सका। बल का धन भी समाप्त हो गया। श्रीराम से पराजित हुआ। उसका सबकुछ छिन गया, परंतु उसका विद्या-ज्ञान श्रीराम न छीन सके। कहा जाता है कि युद्धभूमि में पड़े रावण से लक्ष्मण ने राजनीति का ज्ञान प्राप्त किया था। विद्या कामधेनु गाय के समान है। जिसके पास विद्या है, उसके लिए संसार की कोई भी वस्तु अप्राप्य नहीं।

विद्या मनुष्य का बृहत् रूप है। वह मनुष्य के अंदर छिपा हुआ गुप्त धन है। विद्या से सब प्रकार का सुख और यश प्राप्त होता है। विद्या विदेश में भाई के समान सहायक होती है। विद्या के कारण ही राजदरबार में सम्मान मिलता है, बल और धन के कारण नहीं। इसीलिए विद्या को सबसे श्रेष्ठ धन कहा जाता है।

'बिना पढ़े नर पशु कहलावें'—विद्या से हीन मनुष्य पशु के समान है। आज हम जिस समाज में रहते हैं, पहले ऐसा नहीं था। पशु और पक्षियों की ही तरह मनुष्य भी केवल पेट भरना और सो जाना भर जानता था। धीरे-धीरे उसने विद्याध्ययन किया और ज्ञान प्राप्त किया।

विद्या के द्वारा मनुष्य की बुद्धि का विकास होता है। तभी मनुष्य अपने अधिकार और कर्तव्यों का सही अर्थ समझ पाता है। मनुष्य अपने अधिकार और कर्तव्यों का सही

रूप में पालन कर पाता है। समाज के हर मनुष्य को अपने अधिकार और कर्तव्यों के प्रति जागरूक होना चाहिए। ऐसा विद्या से ही संभव है। विद्या प्राप्त करने से मनुष्य में विनम्रता आती है। विनम्रता से मनुष्य सम्माननीय बनता है। विद्या के बिना मनुष्य अंधे के समान है।

विद्या ऐसा धन है जिसे न चोर चुरा सकता है, न राजा दंड में ले सकता है, न भाई बाँट सकता है और न कभी यह बोझ हो सकता है। अत: हर एक व्यक्ति को अधिक-से-अधिक विद्या प्राप्त करनी चाहिए—'सुख चाहै विद्या पढ़े, विद्या है सुख-हेतु।'

□

हमारा राष्ट्रध्वज

प्रत्येक राष्ट्र की नीति अन्य राष्ट्रों से पृथक् और विशिष्ट होती है। उसमें कई बातें ऐसी भी होती हैं, जो केवल उसी राष्ट्र की रीति-नीति में पाई जाती हैं। प्रत्येक राष्ट्र का प्रतीक राष्ट्रध्वज अन्य सब राष्ट्रों से पृथक् और विशिष्ट होता है। किसी भी देश का राष्ट्रध्वज अपने पूरे देश का प्रतीक होता है।

किसी राष्ट्रध्वज में राष्ट्र की धार्मिक, सांस्कृतिक और राजनीतिक परंपराओं तथा भावनाओं का समावेश होता है। यही कारण है कि कपड़े का यह टुकड़ा पूरा राष्ट्र बन जाता है। इसकी परंपरा की प्राचीनता 'गरुड़ ध्वज, 'कपि ध्वज' आदि पौराणिक नामों से स्पष्ट हो जाती है। पुराणकाल के बाद गुप्त साम्राज्य की विजयिनी वैजयंती और सम्राट् अशोक के धर्म-विजय की पताका, वीर शिवाजी का भगवा ध्वज आदि इतिहास के पन्नों पर आज भी गर्व से फहरा रहे हैं।

ब्रिटेन का यूनियन जैक का हँसिया-बालीवाला झंडा, पाकिस्तान का आधे चाँद एवं तारे का झंडा आदि अपने-अपने राष्ट्र के गौरव के प्रतीक हैं।

जब कोई विजेता किसी देश को जीत लेता है तब वह अपने राष्ट्र का झंडा उस विजित देश के राजकीय भवनों पर लगा देता है। इससे लोगों की समझ में अपने आप आ जाता है कि फलाँ देश पर अमुक राष्ट्र अथवा व्यक्ति का आधिपत्य है।

अपने देश के अथवा विदेश के किसी महापुरुष के निधन पर राष्ट्रध्वज झुका दिया जाता है, जिसका अभिप्राय शोक का प्रदर्शन होता है। ऐसे ही राष्ट्रीय पर्वों के अवसर पर राष्ट्रध्वज नए सिरे से सजाकर हर्षोल्लास के साथ फहराकर राष्ट्र के प्रति सम्मान प्रदर्शित किया जाता है। हाथीदाँत अथवा कीमती धातु पर बने राष्ट्रध्वज दूसरे देशों के महान् व्यक्तियों को भेंट करने की प्रथा भी प्रचलित है।

तिरंगा हमारे देश का राष्ट्रध्वज है और उसके बीचोबीच चौबीस तीलियों वाला चक्र अंकित है। आजादी की लड़ाई के दौरान तिरंगे झंडे का जन्म हुआ था। आरंभ में लाल, हरा और सफेद—इन तीन रंगों का मिश्रण था और सफेद कपड़े पर चरखा अंकित

था। चरखे का अभिप्राय स्वावलंबन से था। लाल, हरा, सफेद—ये तीन रंग भी हिंदू, मुसलिम और अन्य भारतवासियों की संस्कृति के प्रतीक थे। बाद में इसमें कुछ सुधार किया गया। लाल रंग की जगह केसरिया स्वीकार किया गया, चरखे की जगह चक्र अंकित किया गया। रंगों की व्याख्या पहले वर्ग के आधार पर की जाती थी, अब मानव के भौतिक गुणों से उसका संबंध जोड़ा जाता है। केसरिया को साहस और त्याग, सफेद को शांति और सच्चाई तथा हरे को श्रद्धा, प्रगति और विश्वास का प्रतीक माना जाता है। इन सबसे बढ़कर तिरंगे झंडे का महत्त्व भारतीयों में जागृति और स्फूर्ति का संचार करने में है।

आज स्वतंत्र भारत में राष्ट्रीय पर्वों पर राष्ट्राध्यक्षों एवं अधिकारियों द्वारा तिरंगा झंडा फहराकर इसका सम्मान किया जाता है।

देश के प्रत्येक व्यक्ति का कर्तव्य है कि वह तिरंगे की शान बनाए रखे और इसे पूरा सम्मान दे।

□

भारत में किसानों की स्थिति

भारत कृषि-प्रधान देश है। यहाँ की अधिकांश जनता गाँवों में रहती है। यह जनता कृषि-कार्य करके अपना ही नहीं, अपने देश का भी भरण-पोषण करती है। भारत में लगभग सात लाख गाँव हैं और इन गाँवों में अधिकांश किसान ही बसते हैं। यही भारत के अन्नदाता हैं। यदि भारत को उन्नतिशील और सबल राष्ट्र बनाना है तो पहले किसानों को समृद्ध और आत्मनिर्भर बनाना होगा। किसानों की उपेक्षा करके तथा उन्हें दीनावस्था में रखकर भारत को कभी समृद्ध और ऐश्वर्यशाली नहीं बनाया जा सकता।

भारतीय किसान साल भर मेहनत करता है, अन्न पैदा करता है तथा देशवासियों को खाद्यान्न प्रदान करता है; किंतु बदले में उसे मिलती है उपेक्षा। वह अन्नदाता होते हुए भी स्वयं भूखा और अधनंगा ही रहता है। वास्तव में, भारतीय किसान दीनता की सजीव प्रतिमा है। उसके पैरों में जूते नहीं, शरीर पर कपड़े नहीं, चेहरे पर रौनक नहीं तथा शरीर में शक्ति भी नहीं होती। अधिकांश भारतीय किसान जीवित नर-कंकाल सदृश दिखाई पड़ते हैं।

आज का भारतीय किसान संसार के अन्य देशों के किसानों की अपेक्षा बहुत पिछड़ा हुआ है। इसका मूल कारण है—कृषि की अवैज्ञानिक रीति। यद्यपि संसार में विज्ञान ने इतनी उन्नति कर ली है तथापि हमारे देश का अधिकतर किसान आज भी पारंपरिक हल-बैल लेकर खेती करता है। सिंचाई के साधन भी उसके पास नहीं हैं। उसे अपनी खेती की सिंचाई के लिए वर्षा पर निर्भर रहना पड़ता है। तुलनात्मक रूप से वह अन्य देशों के किसानों की अपेक्षा मेहनत भी अधिक करता है, फिर भी अन्न कम ही उत्पन्न कर पाता है। यदि भारतीय किसान भी खेती के नए वैज्ञानिक तरीकों को अपना लें तो उन्हें भी कृषि-कार्य में अभूतपूर्व सफलता मिलेगी। इससे वे अपना जीवन-स्तर ऊँचा उठा सकेंगे।

भारतीय किसान की हीनावस्था का दूसरा कारण है—अशिक्षा। अशिक्षा के कारण ही भारतीय किसान सामाजिक कुरीतियों, कुसंस्कारों में बुरी तरह जकड़े हुए हैं

और पुरानी रूढ़ियों को तोड़ना पाप समझते हैं। फलस्वरूप शादी-विवाह, जन्म-मरण के अवसर पर भी झूठी मान-प्रतिष्ठा और लोक-लज्जा के कारण उधार लेकर भी भोज आदि पर खूब खर्च करते हैं और सदैव कर्ज में डूबे रहते हैं। अंतत: कर्ज में ही मर जाते हैं। यही उनका वास्तविक जीवन है और नियति भी।

भारतीय किसान खेती के अतिरिक्त अन्य उद्योग-धंधे नहीं अपनाते। फलस्वरूप खाली समय को वे व्यर्थ ही व्यतीत कर देते हैं। इससे भी उन्हें आर्थिक हानि होती है।

सरकार को यदि किसानों के जीवन में सुधार लाना है तो सर्वप्रथम उन्हें शिक्षित करना चाहिए। गाँव-गाँव में शिक्षा का प्रसार करके अविद्या का नाश करना चाहिए। किसानों की शिक्षा के लिए रात्रि-पाठशालाएँ तथा प्रौढ़-पाठशालाएँ खोलनी चाहिए, जहाँ कृषि-कार्य से छुट्टी पाकर कृषक विद्या प्राप्त कर सकें। शिक्षा के द्वारा ही किसान समाज में फैली कुरीतियों को दूर करने में सक्षम हो सकते हैं।

किसानों को कृषि के वैज्ञानिक तरीकों से परिचित कराना चाहिए। उन्हें उचित मूल्य पर नए ढंग के औजार तथा बीज एवं खाद आदि उपलब्ध कराए जाने चाहिए। किसानों के लिए सिंचाई के साधन भी जुटाने की चेष्टा करनी चाहिए, जिससे वे केवल वर्षा पर ही निर्भर न रहें।

गाँव-गाँव में सरकारी समितियाँ खुलनी चाहिए, जो किसानों को अच्छे बीज तथा उचित ऋण देकर उन्हें सूदखोरों से बचाएँ। भारतीय किसान के जीवन-स्तर को ऊँचा उठाने के लिए कुटीर उद्योगों को बढ़ावा दिया जाना चाहिए। किसानों को कपड़ा बुनने, रस्सी बनाने, टोकरी बनाने, पशु-पालन तथा अन्य उद्योग-धंधों की शिक्षा मिलनी चाहिए, जिससे वे अपने खाली समय का सदुपयोग करके अपनी आर्थिक उन्नति कर सकें।

□

आज के युग में विज्ञान

आधुनिक युग को हम यदि 'विज्ञान युग' की संज्ञा से विभूषित करें तो अनुचित ही होगा। आज विज्ञान का क्षेत्र जितना सर्वव्यापी हो गया है और विज्ञान ने जितनी उन्नति कर ली है, उसको देखकर आश्चर्यचकित रह जाना पड़ता है। जिन वस्तुओं की हम स्वप्न में भी कल्पना नहीं कर सकते थे तथा जिन कार्यों का होना प्राय: असंभव-सा लगता था, विज्ञान के कारण वे ही आज संभव होते जा रहे हैं।

विज्ञान ने हमारे दैनिक जीवन की बहुत सी कठिनाइयों को कम कर दिया है। आज हमें आवश्यकताओं की वस्तुएँ बड़ी सरलता से अल्प मूल्य में ही पर्याप्त मात्रा में प्राप्त हो जाती हैं। कपड़ा, दियासलाई, कागज, पेंसिल, बिजली के सामान, चूल्हे, प्रकाश इत्यादि सभी विज्ञान ही की तो देन हैं।

विज्ञान ने हमें मनोरंजन के साधन भी प्रदान किए हैं। आज के युग में थोड़े से मूल्य पर तथा कम समय में मनोरंजन के अनेक साधन विज्ञान ने हमारे लिए प्रस्तुत कर दिए हैं। चलचित्र, ग्रामोफोन, रेडियो, टेलीविजन, वीडियो इत्यादि मनोरंजन के साधन विज्ञान की देन ही तो हैं।

विज्ञान स्थानों की दूरी कम करने में भी बहुत सहायक हुआ है। टेलीफोन से आप कितनी भी दूरी पर उसी प्रकार बात कर सकते हैं जैसे आप आमने-सामने होकर बातें करते हैं। रेलगाड़ी, हवाई जहाज, हेलीकॉप्टर, जेट विमान आदि अन्य चमत्कारपूर्ण आविष्कार हैं, जिन्होंने स्थान की दूरी को मिटा दिया है। विज्ञान के कारण आज मानव अपने अमूल्य समय की बचत करके उसका सदुपयोग करने में भी समर्थ हो सका है। वैज्ञानिक मशीनों द्वारा वे ही काम, जो यथेष्ट समय ले लेते थे, आज अतिशीघ्र संपन्न हो जाते हैं। इस प्रकार समय की उपयोगी बचत हो जाती है। इस संदर्भ में कंप्यूटर की उपयोगिता सर्वविदित है।

विज्ञान ने चिकित्सा-शास्त्र के क्षेत्र में भी अनोखा कार्य किया है। ऐसी अनेक असाध्य बीमारियाँ, जैसे—कैंसर, टी.बी., हैजा, गरदन-तोड़ बुखार, डिफ्थीरिया आदि—

जिनकी रोकथाम करने का कोई उपाय ही नहीं था—ऐसे रोगों के लिए भी आज असरदार उपचार के साधन विज्ञान ने प्रस्तुत कर दिए हैं।

वास्तविकता तो यह है कि आज के युग में कोई भी क्षेत्र ऐसा नहीं, जहाँ विज्ञान ने अपना सहयोग देकर मानव का कल्याण न किया हो, किंतु विज्ञान ने कुछ विनाशकारी वस्तुएँ भी मानव को प्रदान कर दी हैं, जो समस्त पृथ्वी को क्षण भर में नष्ट कर सकती हैं। अणु बम, परमाणु बम, हाइड्रोजन बम, रासायनिक एवं जैविक हथियार आदि विस्फोटक उपकरण इसी प्रकार की विनाशकारी देन है।

अंत में, जब हम पूर्ण रूप से निष्पक्ष होकर विज्ञान के चमत्कारों पर दृष्टिपात करते हैं तब हमें अनुभव होता है कि विज्ञान विनाशकारी की अपेक्षा मानव के लिए कल्याणकारी अधिक है। हाँ, इतना अवश्य है कि विज्ञान की उपलब्धियों का उपयोग शांतिपूर्ण कार्यों तथा मानव की उन्नति के लिए किया जाए।

□

हमारे विद्यालय का वार्षिकोत्सव

हमारे विद्यालय में प्रतिवर्ष वार्षिकोत्सव धूमधाम से मनाया जाता है। वैसे तो हमारी पाठशाला में अन्य कई उत्सव, जैसे—तुलसी जयंती, स्वतंत्रता दिवस, गणतंत्र दिवस, छात्रों का विदाई समारोह, होलिकोत्सव आदि बड़े आनंद तथा उल्लास से मनाए जाते हैं; किंतु इन समस्त उत्सवों में हम छात्र-छात्राओं के लिए 'वार्षिकोत्सव' ही सबसे अधिक आनंददायी होता है।

विद्यालय में आयोजित वार्षिकोत्सव में छात्राओं को गण्यमान्य नागरिकों और छात्र-छात्राओं के अभिभावकों के सम्मुख पुरस्कार प्रदान किए जाते हैं। इसीलिए छात्र-छात्राओं को वार्षिकोत्सव सर्वाधिक महत्त्वपूर्ण और आनंदमयी प्रतीत होता है। हमारे विद्यालय का वार्षिकोत्सव नवंबर में दीपावली के ज्योतिर्मय त्योहार के आस-पास ही मनाया जाता है।

कई सप्ताह पूर्व से हमारे विद्यालय की छात्र-छात्राएँ तथा अध्यापक-अध्यापिकाएँ वार्षिकोत्सव की तैयारी में तन-मन से जुट जाते हैं। उत्सव के दिन प्रात:काल से ही सभी अपने-अपने कार्यों में तत्परता से जुटे रहते हैं। विद्यालय के मैदान में एक विशाल तंबू लगाया जाता है। उसमें लगभग एक हजार व्यक्तियों के बैठने का प्रबंध किया जाता है। तंबू के एक छोर पर बड़ा और ऊँचा भव्य रंगमंच बनाया जाता है। पंडाल और रंगमंच को रंग-बिरंगी झंडियों तथा बंदनवारों तथा गुब्बारों से सुसज्जित किया जाता है। विद्यालय भवन को झंडियों तथा रंगीन विद्युत् बल्बों से सजाया जाता है। विद्यालय के प्रवेश-द्वार को विशेष रूप से फूल-पत्तियों से सजाकर उस पर 'स्वागतम्' लिखा जाता है। समस्त विद्यालय की साज-सज्जा की जाती है। अतिथियों को सम्मान सहित नियत स्थान पर बैठाया जाता है। सुंदर परिधानों से सजे छात्र-छात्राएँ कतारबद्ध शिष्टतापूर्वक अनुशासित होकर बैठ जाते हैं।

वार्षिकोत्सव के दिन हमारे अध्यापक-अध्यापिकाएँ भी सुंदर-सुंदर वस्त्र धारण करते हैं और वे भी उतने ही उल्लसित दिखाई देते हैं जितने कि हम सब विद्यार्थी। मुख्य

अतिथि का आगमन होते ही समस्त आगत-अतिथि तथा छात्र समूह खड़े होकर उनका सत्कार करते हैं।

रंगमंच का परदा उठता है। सर्वप्रथम रंगमंच पर विद्यार्थी खड़े होकर स्वागत करते हैं। उसके बाद मुख्य अतिथि छात्र-छात्राओं को पुरस्कार वितरित करते हैं। इसके पश्चात् प्रधानाचार्य महोदय विद्यालय का वार्षिक विवरण पढ़कर सुनाते हैं और तब पुनः रंगमंच पर रंग-बिरंगे मनोहारी नाटक, गायन, नृत्य आदि के सांस्कृतिक कार्यक्रम प्रस्तुत किए जाते हैं। कार्यक्रम की समाप्ति पर प्रधान अतिथि का भाषण होता है और धन्यवाद-ज्ञापन की रीति निभाई जाती है। इस अवसर पर उपस्थित हर व्यक्ति को मिष्टान्न प्रदान किया जाता है।

वार्षिकोत्सव हम विद्यार्थियों को केवल आनंद या हँसी-खुशी ही नहीं देता वरन् हमें उत्तम विद्यार्थी बनने की प्रेरणा भी देता है। जब हम देखते हैं कि हमारे ही जैसे एक अन्य विद्यार्थी को किसी भी विषय में श्रेष्ठ होने के कारण पुरस्कार मिला है तब हमारे मन में भी भावना जाग्रत् होती है कि हम भी उत्तम विद्यार्थी बनकर पुरस्कार प्राप्त करें और अपने माता-पिता एवं गुरुजनों के प्रिय बनें। पुरस्कार के रूप में सम्मान-प्राप्ति की लालसा हम विद्यार्थियों को अध्यवसायी तथा उद्यमी बनाती है।

वार्षिकोत्सव विद्यार्थियों को इस बात का अवसर देता है कि हम अपने अध्यापक-अध्यापिकाओं के निकट संपर्क में आकर उन्हें भली-भाँति समझ सकें और उनसे कुछ सीख सकें।

□

पत्रवाहक अथवा डाकिया

ऐसा कोई व्यक्ति होगा, जो 'पत्रवाहक' को अपने घर की ओर आता हुआ देखकर प्रसन्न न होता हो। हमारे बहुत से सगे-संबंधी तथा घनिष्ठ मित्र हमसे बहुत दूर नगरों में रहते हैं। उनसे संपर्क बनाए रखने के लिए हम पत्रों का सहारा लेते हैं। इसीलिए सर्वत्र पत्रवाहक का स्वागत होता है।

अपने द्वार पर डाकिए की आवाज सुनकर एक आशा मन में उठती है, 'शायद हमारी कोई चिट्ठी हो।'

पत्रवाहक एक सरकारी कर्मचारी होता है। उसकी वेशभूषा साधारण होते हुए भी अपनी अलग पहचान रखती है। तभी तो हम दूर से ही डाकिया को पहचान लेते हैं। वह खाकी पोशाक पहनता है। उसके कंधे पर चमड़े का एक थैला लटकता रहता है। इसी थैले में वह पार्सल तथा डाक से आनेवाले समाचार-पत्र, चिट्ठी आदि भरे रहता है। गाँव में काम करनेवाले डाकिये अपने थैले में स्याही, कलम तथा टिकट आदि भी रखते हैं।

पत्रवाहक की शिक्षा साधारण ही होती है। उसके लिए हिंदी और अंग्रेजी पढ़ने-लिखने का ज्ञान जरूरी होता है, जिससे वह पत्रों में लिखे हुए पतों को अच्छी तरह से पढ़ सके। डाकिया का रहन-सहन सरल होता है। दयालुता उसका एक विशेष गुण होता है। वह हँसमुख होता है।

पत्रवाहक दो प्रकार के होते हैं—प्रथम, ग्राम में कार्य करनेवाले ग्रामीण; द्वितीय, शहर में काम करनेवाले नागरिक। ग्रामीण पत्रवाहक को पत्र बाँटने के लिए कठिन परिश्रम करना पड़ता है। उसे एक गाँव से दूसरे गाँव पैदल ही जाना पड़ता है। इस प्रकार प्रतिदिन उसे लगभग आठ-दस मील पैदल चलना पड़ता है। ग्रामीण पत्रवाहक को एक अन्य महत्त्वपूर्ण कार्य भी करना पड़ता है। अधिकतर ग्रामवासी अशिक्षित होते हैं, इसलिए वह उनके पत्रों को पढ़कर सुना भी देता है। पत्रवाहक केवल एक नियत मुहल्ले में पत्र बाँटता है। कार्य-विभाजन के अनुसार भी पत्रवाहक कई तरह के होते हैं, जैसे—मनीऑर्डर देनेवाले, पार्सल देनेवाले, तार देनेवाले तथा एक्सप्रेस पत्र आदि देनेवाले।

प्रत्येक पत्रवाहक को स्वस्थ होना जरूरी है। उसे हर मौसम में अपना काम नियत समय पर ही करना पड़ता है। झुलसा देनेवाली धूप, घनघोर वर्षा अथवा ठिठुरानेवाली सर्दी में भी उसे अपना काम करना पड़ता है। पत्रवाहक को छुट्टियाँ भी बहुत कम मिलती हैं। इसलिए आराम करने का अवसर भी उन्हें कम ही मिलता है।

वास्तव में पत्रवाहक का कार्य बहुत उत्तरदायित्वपूर्ण है। वह एक सच्चा जनसेवक होता है। उसे कीमती पार्सल, आवश्यक पत्र तथा मनीऑर्डर पहुँचाने पड़ते हैं। इसलिए अपने काम में उसे बहुत सावधान रहना पड़ता है। उसकी थोड़ी सी भी असावधानी जनता को बहुत हानि पहुँचा सकती है और स्वयं उसका जीवन भी खतरे में पड़ सकता है।

पत्रवाहक हमें प्रसन्नता के समाचार भी देता है और दु:खद समाचार भी सुनाता है। वास्तव में, वह हमारा बहुत उपकार करता है। जनता को भी पत्रवाहक के कार्य में सहयोग देना चाहिए। यदि कभी भूल से वह गलत स्थान पर पत्र आदि दे जाता है तो हमें चाहिए कि वे पत्र आदि पुन: पत्रवाहक को लौटा दें और सही स्थान का पता उसे बताएँ।

यद्यपि पत्रवाहक इतना महत्त्वपूर्ण कार्य करता है तथापि, सरकार द्वारा उसको साधारण वेतन ही दिया जाता है। सरकार को चाहिए कि पत्रवाहक के वेतन में वृद्धि करे। प्रसन्नता के समय तथा पर्व-त्योहारों पर जनता को भी चाहिए कि वह अपने इस परोपकारी जनसेवक को उचित पुरस्कार एवं उपहार आदि देकर प्रोत्साहित करे।

□

जीवन में परोपकार का महत्त्व

परोपकार दो शब्दों के मेल से बना है—पर + उपकार, अर्थात् दूसरों की भलाई करना। परोपकार ऐसी विभूति है, जो मानव को मानव कहलाने का अधिकारी बनाती है। यह मानवता की कसौटी है। परोपकार ही मानवता है, जैसा कि राष्ट्रकवि मैथिलीशरण गुप्त ने लिखा है—'वही मनुष्य है जो मनुष्य के लिए मरे।'

केवल अपने दु:ख-सुख की चिंता करना मानवता नहीं, पशुता है। परोपकार ही मानव को पशुता से सदय बनाता है। राष्ट्रकवि मैथिलीशरण गुप्त के अनुसार, 'यह पशु प्रवृत्ति है कि जो आप-आप ही चरे'।

वस्तुतः निस्स्वार्थ भावना से दूसरों का हित-साधन ही परोपकार है। मनुष्य अपनी सामर्थ्य के अनुसार परोपकार कर सकता है। दूसरों के प्रति सहानुभूति करना ही परोपकार है और सहानुभूति किसी भी रूप में प्रकट की जा सकती है। किसी निर्धन की आर्थिक सहायता करना अथवा किसी असहाय की रक्षा करना परोपकार के रूप हैं। किसी पागल अथवा रोगी की सेवा-शुश्रूषा करना अथवा किसी भूखे को अन्नदान करना भी परोपकार है। किसी को संकट से बचा लेना, किसी को कुमार्ग से हटा देना, किसी दु:खी-निराश को सांत्वना देना—ये सब परोपकार के ही रूप हैं। कोई भी कार्य, जिससे किसी को लाभ पहुँचता है, परोपकार है, जो अपनी सामर्थ्य के अनुसार अनेक रूपों में किया जा सकता है।

परोपकार एक महान् और मानवोचित भावना है। परोपकार के द्वारा ही मानवता उज्ज्वल होती है, अतः इसकी महत्ता अनंत है। परोपकार से ही मानव उन्नति और सुख-समृद्धि प्राप्त कर सकता है। मानव इस युग में अकेला कुछ भी करने में समर्थ नहीं है। वह समाज के साथ मिलकर ही सफलता प्राप्त कर सकता है। यदि समाज का प्रत्येक व्यक्ति अपनी ही स्वार्थ-साधना में लगा रहे तो समाज में विशृंखलता उत्पन्न हो जाएगी। जब किसी को समाज के हित की चिंता न होगी तब समाज उन्नति नहीं कर सकेगा। इस प्रकार से व्यक्तिगत उन्नति भी असंभव है। अतः मानव-समाज का आदर्श कर्म परोपकार ही होना चाहिए।

परोपकार के लाभ

आत्मिक शांति की प्राप्ति—यद्यपि परोपकारी अपने हित और लाभ की दृष्टि से परोपकार नहीं करता, किंतु इससे उसे भी अनेक लाभ होते हैं। आत्मिक शांति इसमें सबसे प्रधान है। परोपकार करनेवाले का अंत:करण पवित्र और शांत रहता है। उसकी आत्मा दीप्तिमान और तेजोमय हो जाती है। परोपकार करनेवाले के मन में यह भावना रहती है कि वह अपने कर्तव्य को पूरा कर रहा है। इस भावना से उसके मन और आत्मा को जो शांति एवं संतोष मिलता है, वह लाखों रुपए खर्च करके बड़े-बड़े पद और सम्मान पाकर भी प्राप्त नहीं होता।

आशीर्वाद की प्राप्ति—परोपकार करने से दीन-दु:खियों को आनंद तथा सुख की प्राप्ति होती है। उनकी आत्मा प्रसन्न होकर परोपकार करनेवाले को आशीर्वाद देती है। सच्ची आत्मा से निकला हुआ आशीर्वाद कभी व्यर्थ नहीं जाता और परोपकार करनेवाले पुरुष का जीवन सुखी व समृद्ध होता जाता है।

यश व सम्मान की प्राप्ति—परोपकार करनेवाले मनुष्य का यश राजमहलों से लेकर झोंपड़ियों तक फैल जाता है। उसका सर्वत्र आदर होता है। जन-जन में उसकी गाथा गाई जाती है। कवि तथा लेखक उसका गुणगान करते हैं।

समाज की उन्नति—परोपकार करने से अनेक व्यक्तियों को लाभ होता है। वे अपने संकट के समय सहारा पाकर उन्नति की ओर अग्रसर होते हैं। व्यक्तियों की उन्नति तथा समृद्धि से समाज की उन्नति होती है।

परोपकारी व्यक्ति का जीवन दूसरों के लिए प्रेरणास्पद होता है।

आज संसार दु:खी है। मानव-समाज की अवनति होती जा रही है। आज एक देश दूसरे देश को, एक समाज दूसरे समाज को, एक व्यक्ति दूसरे व्यक्ति को नष्ट-भ्रष्ट करने के लिए कटिबद्ध है। इन सबका मूल कारण परोपकार की भावना का अभाव है। हम परोपकार की महत्ता को समझें, ग्रहण करें। गोस्वाती तुलसीदास ने कहा है—

"परहित सरिस धर्म नहिं भाई। पर पीड़ा सम नहिं अधमाई॥"

□

हमारा संविधान

नागरिकों के अधिकार और कर्तव्य हमारे संविधान में निहित हैं। अब प्रश्न है, यह संविधान क्या है? प्रत्येक देश का एक संविधान होता है। यह संविधान उस देश के आधार से जुड़ा हुआ 'कानून' होता है। इसीलिए इसे उस देश का 'आधारभूत कानून' कहा जाता है।

यहाँ यह जान लेना जरूरी है कि सरकार के तीन अंग होते हैं। पहला अंग 'व्यवस्थापिका' है। इसका काम कानून बनाना है। दूसरा अंग 'कार्यपालिका' है। इसका काम कानून को लागू करना होता है। तीसरा अंग 'न्यायपालिका' है। यह कानून की बात न माननेवालों के लिए दंड का निर्धारण करता है।

'व्यवस्थापिका' का एक नाम और है, इसे 'विधायिका' भी कहते हैं। सरकार के अंगों में इसका सबसे अधिक महत्त्व है। इसका मुख्य कार्य है—कानून बनाना। अच्छे कानून पर ही संपूर्ण सरकार की सफलता निर्भर करती है। यदि कानून जनहित में नहीं है तो? तो साफ है कि 'कार्यपालिका' और 'न्यायपालिका' अपने काम ठीक ढंग से नहीं कर सकतीं। इस प्रकार सरकार पूरी तरह से अपंग (विकलांग) हो सकती है।

'कार्यपालिका' सरकार का एक महत्त्वपूर्ण अंग है। यह व्यवस्थापिका द्वारा बनाए हुए कानूनों को लागू करती है। फिर इन कानूनों के आधार पर ही सरकार के कार्य-कलाप चलते हैं। इसके अंतर्गत सरकार के वे सब अधिकारी और कर्मचारी शामिल हैं, जो व्यवस्थापिका और न्यायपालिका के सदस्य नहीं होते। इससे स्पष्ट हो जाता है कि भारत में 'राष्ट्रपति' से लेकर एक 'चपरासी' तक सब कार्यपालिका के सदस्य हैं। आम लोगों को इसके बारे में पर्याप्त ज्ञान नहीं है। इस कारण वे इसका एक सीमित अर्थ लगाते हैं।

न्यायपालिका का लोकतंत्र में विशेष महत्त्व है। यह सभी जानते हैं कि लोकतंत्र के आधार 'स्वतंत्रता' और 'समानता' के सिद्धांत हैं। फिर इन दोनों सिद्धांतों की रक्षा की बात उठती है। इसके लिए न्याय-व्यवस्था अपने कानूनों को लेकर हर समय तैयार रहती

है। यही कारण है कि न्यायपालिका की कार्य-प्रणाली पर विशेष रूप से ध्यान दिया जाता है।

इस प्रकार हम जानते हैं कि हमारे संविधान में लोकतंत्र की सुरक्षा के लिए सब प्रकार से नियम-कानूनों की व्यवस्था की गई है।

□

हमारे अधिकार और कर्तव्य

व्यक्ति अपना विकास समाज में रहकर ही कर सकता है। समाज से बाहर हम इसकी कल्पना भी नहीं कर सकते। अब प्रश्न है कि व्यक्ति के विकास के लिए सुविधाएँ कौन देता है?

उत्तर है—व्यक्ति को ये सुविधाएँ समाज देता है। समाज किसी सुविधा अथवा शक्ति को स्वीकार करता है। वैसा न करने पर उसे अधिकारों की श्रेणी में नहीं रखा जा सकता। वहीं समाज इन सुविधाओं और शक्तियों की रक्षा नहीं कर सकता। ऐसा इसलिए होता है, क्योंकि उसके पास कोई 'बाध्यकारी' सत्ता नहीं होती। इसके लिए तो राज्य की आवश्यकता पड़ती है। राज्य इनकी रक्षा करता है, इन्हें कार्य-रूप देता है।

इन सारी बातों को एक क्रम में समझने पर एक परिभाषा तैयार हो जाती है—अधिकार समाज द्वारा दी गई तथा राज्य द्वारा रक्षित सुविधाएँ हैं। इनके आधार पर व्यक्ति अपना विकास अच्छी तरह से कर सकता है। इसके साथ ही वह समाज का भी कल्याण कर सकता है। किसी रोग को पहचानने के उनके लक्षण निश्चित किए गए हैं। व्यक्ति के अधिकारों को पहचानने के लिए भी लक्षण हैं, जो इस प्रकार हैं—

१. अधिकारों के लिए सामाजिक स्वीकृति,

२. अधिकारों के पीछे कल्याणकारी भावना,

३. राज्य द्वारा अधिकारों की रक्षा,

४. अधिकार को समान रूप से सभी व्यक्तियों को देना।

जनवरी १९७७ में संविधान में उत्तरदायित्वों की संहिता शामिल की गई। हमारे उत्तरदायित्व यानी कर्तव्य इस प्रकार हैं—

- संविधान का पालन करना; इसके आदर्शों, संस्थाओं, राष्ट्रध्वज और राष्ट्रगान का सम्मान करना।
- स्वतंत्रता-संघर्ष को प्रेरित करनेवाले महान् आदर्शों को सँजोए रखना, इन्हें अपने जीवन में अपनाना।

- भारत की संप्रभुता, एकता और अखंडता को बनाए रखना तथा इसकी रक्षा करना।
- देश की रक्षा करना तथा आह्वान किए जाने पर राष्ट्रीय सेवा करना।
- भारत के सभी लोगों के बीच धार्मिक, भाषाई एवं क्षेत्रीय अथवा वर्गगत भेदभावों से ऊपर उठकर सद्भाव और आपसी भाई-चारे की भावना को बढ़ावा देना; ऐसी प्रथाओं का त्याग करना, जो स्त्रियों के सम्मान के विरुद्ध हो।
- देश की मिली-जुली संस्कृति का सम्मान और उसका संरक्षण करना।
- प्राकृतिक पर्यावरण—वन, वन्यजीव, नदी, सरोवर इत्यादि की रक्षा करना और उसको बढ़ावा देना; प्राणिमात्र के प्रति दया भाव रखना।
- वैज्ञानिक मनोवृत्ति, मानवतावाद तथा जिज्ञासा और सुधार की प्रवृत्ति का विकास करना।
- सार्वजनिक संपत्ति की सुरक्षा करना, हिंसा से दूर रहना।
- सभी व्यक्तिगत और सामूहिक कार्यक्षेत्रों में सुधार लाने के लगातार प्रयास करना, ताकि राष्ट्र प्रगति एवं उपलब्धियों के उच्च शिखर को छूता जाए।

ये कर्तव्य दस पवित्र संवैधानिक निर्देश हैं। देश के प्रत्येक नागरिक को इनका पालन करना चाहिए। वर्तमान स्थिति में इन उत्तरदायित्वों का निर्वाह करने से ही हमारा राष्ट्र आज की गंभीर चुनौतियों का सामना कर सकता है।

□

ताजमहल का सौंदर्य

ताजमहल अपनी अद्‌भुत और अद्वितीय वास्तुकला (भवन-निर्माण कला) के लिए जगत्-प्रसिद्ध है। ताजमहल के निर्माण को लगभग तीन शताब्दियाँ बीत गई हैं, किंतु आज भी इसकी भव्यता नई-सी प्रतीत होती है। प्रकृति के भीषण घात-प्रतिघात तथा मानव के निर्मम क्रिया-कलाप इसके ऊपर अपना कुछ भी प्रभाव नहीं छोड़ सके। यह आज भी शांत, मौन साधक की भाँति अविचल खड़ा है। ताजमहल के अपूर्व सौंदर्य को देखने के लिए देश-विदेश से आए सैलानियों की भीड़ लगी रहती है।

ताजमहल मुगल सम्राटों की नगरी आगरा में यमुना नदी के दाहिने किनारे पर स्थित है। ताजमहल के सम्मुख कल-कल करती यमुना की धारा प्रवाहित है। अन्य तीन दिशाओं में यह सुंदर मनोहारी पुष्प-उद्यानों से घिरा हुआ है। ताज का निर्माण मुगल बादशाह शाहजहाँ ने अपनी प्रिय बेगम मुमताज की अंतिम इच्छा पूरी करने के लिए उसके अटूट प्रेम की स्मृति-स्वरूप कराया था। मुमताज बेगम के नाम पर इस इमारत का नाम 'ताजमहल' पड़ा।

ताजमहल के निर्माण में लगभग इक्कीस वर्ष का समय और सात करोड़ रुपए का खर्च आया। जिस समय ताजमहल बनकर तैयार हुआ, उसके अद्वितीय सौंदर्य को देखकर शाहजहाँ आश्चर्यचकित रह गया।

दर्शक जब इस भव्य इमारत के निकट पहुँचता है तब वह आत्मविस्मृत हो जाता है।

ताजमहल में प्रविष्ट होने से पूर्व सर्वप्रथम दर्शकों को एक विशाल लाल पत्थर द्वारा निर्मित प्रवेश-द्वार मिलता है। इमारत की सीमा-रेखा पर निर्मित दीवार यथेष्ट ऊँची और दृढ़ है। इन दीवारों पर कुरान की आयतें अंकित हैं। ताजमहल के अति निकट एक सुंदर अजायबघर है, जिसमें मुगल बादशाहों के अस्त्र-शस्त्र प्रदर्शित हैं। प्रमुख प्रवेश-द्वार पर एक चौड़ा मार्ग बना हुआ है। इस मार्ग के दोनों ओर सघन हरे-भरे वृक्ष हैं। इस मार्ग के दोनों ओर सुंदर फव्वारे बने हुए हैं, जिनमें से सदैव पानी झरता

रहता है। इन फव्वारों के निकट दूर्वा-दल बराबर मनुष्य के मन को अपनी ओर आकर्षित कर लेता है। कुछ दूर आगे बढ़ने पर एक सुंदर तालाब दिखाई पड़ता है। इस तालाब में मछलियाँ क्रीड़ा करती रहती हैं और नेत्रों को सुख देनेवाले कमल खिले रहते हैं। सरोवर के जल में लहराती पत्तियों और विकसित कमलों की शोभा वास्तव में दर्शनीय होती है। इस स्थान पर संगमरमर की श्वेत शिलाओं पर बैठकर यहाँ की अपूर्व छटा देखी जा सकती है।

ताजमहल की प्रमुख इमारत स्फटिक-निर्मित विशाल चबूतरे पर बनी है और यथेष्ट ऊँचाई पर है। चबूतरे के चारों कोनों पर विशाल गगनचुंबी मीनारें बनी हैं। इन मीनारों के मध्य में ताजमहल का गुंबद है। इस गुंबद की ऊँचाई लगभग २०५ फीट है। इसका निर्माण संगमरमर से हुआ है और इसके चारों ओर मुसलमानों के धार्मिक ग्रंथ 'कुरान' की आयतें अंकित हैं। गुंबद की पच्चीकारी वास्तव में अद्‌भुत है। यहाँ की दीवारों में बने हुए बेलबूटे सजीव और सच्चे प्रतीत होते हैं। इसी गुंबद के नीचे तहखाने में शाहजहाँ और मुमताज की समाधियों को देखकर अनायास ही दर्शक का हृदय कोमल भावनाओं से द्रवित हो जाता है और मुगल-सम्राट् शाहजहाँ के अमर प्रेम की याद ताजा हो जाती है।

शरद् पूर्णिमा को ताजमहल की शोभा निखर उठती है। पूर्णचंद्र के धवल प्रकाश में ताजमहल की संगमरमर निर्मित श्वेत दीवारें ऐसी प्रतीत होती हैं, मानो शीशे की बनी हों। ताजमहल के सम्मुख बहती हुई यमुना की श्याम जलधारा पर थिरकती हुई ज्योत्स्ना अपूर्व दृश्य उपस्थित करती है।

वास्तव में ताजमहल विश्व की उत्कृष्ट रचना है। इसकी गणना संसार के सात अजूबों में की जाती है। भारतीय ही नहीं, विदेशी भी इसकी अनुपम शोभा देखकर मुग्ध हो जाते हैं। इस संसार में जब तक यह अद्‌भुत इमारत विद्यमान है तब तक प्राचीन भारतीय वास्तुकला और कारीगरी का गौरव भी सुरक्षित रहेगा।

□

वृक्षारोपण का महत्त्व

वनों के संरक्षण के लिए यह अत्यंत आवश्यक है कि लोग वनों की उपयोगिता को गंभीरता से समझें।

जब हम वन का नाम लेते हैं तब हमारी आँखों के सामने तरह-तरह के हरे-भरे चित्र उभरने लगते हैं। इनमें झाड़ियाँ, घास, लताएँ, वृक्ष आदि विशेष रूप से शामिल होते हैं। वे एक-दूसरे के सहारे जीते हैं और फैलते-फूलते हैं।

मात्र यह सोचना कि वन केवल लकड़ी की खानें हैं, गलत है। वन केवल लकड़ी की खानें नहीं हैं, हानिकारक गैस 'कार्बन डाइ-ऑक्साइड' की बढ़ती हुई मात्रा को कम करने में वन बड़े सहायक होते हैं। वन प्राणरक्षक वायु 'ऑक्सीजन' की आवश्यकता को पूरा करते हैं, इसलिए वनों का संरक्षण जरूरी है। सच तो यह है कि कल तक जहाँ वन थे, आज वहाँ कुछ भी नहीं है।

वनों को जंगल की आग, जानवरों एवं लकड़ी के तस्करों से बचाना होगा। इससे वनों की कई किस्में अपने आप उग आएँगी। वनों का विस्तार करने में पक्षियों की महत्त्वपूर्ण भूमिका होती है। पक्षियों को अपनी ओर खींचनेवाले पेड़ों के आस-पास उनके द्वारा लाए हुए बीजों के कारण कई प्रकार के पेड़-पौधे उग आते हैं।

यद्यपि पेड़ों को पानी की जरूरत कम-से-कम होती है, तथापि नए लगाए गए पौधों के लिए कुछ समय तक जल की व्यवस्था अत्यंत आवश्यक है। यह व्यवस्था पोखर, तालाब और पहाड़ी ढालों पर कतार में गड्ढे बनाकर हो सकती है। इसे वृक्षारोपण कार्यक्रम का एक जरूरी हिस्सा समझना चाहिए।

वनों की विविधता को बनाए रखने के लिए भाँति-भाँति के पेड़-पौधे, झाड़ियाँ और लताएँ पुनः रोपनी चाहिए। आज जिस तरह से वनों की कटाई की जा रही है, वह चिंता का विषय है। वनों से पर्यावरण स्वच्छ बना रहता है।

भारत को सन् १९४७ में स्वतंत्रता मिली। उसके बाद सन् १९५२ में सरकार ने वनों की रक्षा के लिए एक नीति बनाई थी। उस नीति को 'राष्ट्रीय वन-नीति' का नाम

दिया गया। इस नीति में व्यवस्थाएँ तैयार की गईं। देश के कुल भौगोलिक क्षेत्रफल के ३३ प्रतिशत भाग पर वनों का होना आवश्यक माना गया। इसके अंतर्गत पहाड़ी क्षेत्रों में ६० प्रतिशत भूमि पर वनों को बचाए रखने का निश्चय किया गया तथा मैदानी क्षेत्रों में २० प्रतिशत भूमि पर।

आज स्थिति यह है कि २२.६३ प्रतिशत भूभाग पर ही वन हैं। कई राज्यों में तो वनों की स्थिति बहुत खराब है। हाँ, कुछ पहाड़ी क्षेत्रों में ही वनों का अच्छा-खासा फैलाव है, जैसे—हिमाचल प्रदेश, सिक्किम, असम, अरुणाचल प्रदेश, मेघालय—त्रिपुरा आदि।

वन-विभाग के अनुसार, वर्ष १९५१ से १९७२ के बीच ३४ लाख हेक्टेयर क्षेत्र में वन काट डाले गए। इससे पता चलता है कि प्रत्येक वर्ष १.५ लाख हेक्टेयर वनों की कटाई हुई। वनों की कटाई के कारण जाने-अनजाने कई तरह के नुकसान होते हैं। वनों के सफाए से भारी मात्रा में मिट्टी का कटाव हो रहा है। भारत में लगभग १५ करोड़ हेक्टेयर भूमि कटाव के कारण नष्ट हो रही है। बुरी तरह से मिट्टी के कटाव के कारण नदियों की तली, तालाब तथा बाँधों के जलाशयों की हालत खराब हो रही है। यही कारण है कि हर साल बाढ़ से धन-जन की भारी बरबादी होती है।

पेड़ों की कटाई के कारण राजस्थान, गुजरात तथा हरियाणा में रेगिस्तान का विस्तार हो रहा है। पश्चिमी राजस्थान का ७.३५ प्रतिशत हिस्सा रेगिस्तानी बन चुका है। इन क्षेत्रों में वन-कटाई के कारण भूमिगत जल का स्तर बहुत नीचे चला गया है। इस कारण अब न सिर्फ सिंचाई बल्कि पीने के पानी का भी संकट पैदा हो गया है।

वनों की अंधाधुंध कटाई के कारण पर्वतीय क्षेत्रों में भूस्खलन होता है और चट्टानों के खिसकने से उपजाऊ मृदा बहकर दूर चली जाती है।

□

हमारे जीवन में वनस्पतियों का महत्त्व

मनुष्य, पशु-पक्षी और यहाँ तक कि पेड़-पौधे भी हरियाली के आधार पर जीवित रहते हैं। पशु घास और पेड़ों के पत्ते खाते हैं। मनुष्य का आहार अन्न के दाने, शाक, फूल, फल और वनस्पतियाँ हैं। यदि ये सब खाने को न मिलें तो मानव का जीवित रहना संभव नहीं है। मांस खानेवाले प्राणी भी घास खानेवाले प्राणियों का ही मांस खाते हैं। इस प्रकार समस्त जीवन-चक्र पेड़-पौधों पर ही निर्भर है।

प्रारंभिक काल से ही मनुष्य का पेड़-पौधों के साथ बड़ा पवित्र संबंध रहा है। बरगद, पीपल, नीम, गूलर, आम आदि वृक्ष शुभ अवसरों पर पूजे जाते हैं। देवदार का वृक्ष भगवान् शिव और पार्वती का वृक्ष माना जाता है। बेल, तुलसी, दूब, घास आदि पौधों को भारतीय संस्कृति में बहुत ही पवित्र माना गया है। भगवान् बुद्ध को वृक्ष (बोधिवृक्ष) के नीचे ही ज्ञान की प्राप्ति हुई थी। पेड़-पौधों के रूप में अनेक जड़ी-बूटियों का ज्ञान हमारे प्राचीन ऋषियों और आयुर्वेद के ज्ञाताओं को था, जिससे वे मानव के स्वास्थ्य की रक्षा करते थे।

पेड़-पौधों और वनों की उपयोगिता व महत्ता का ज्ञान मनुष्य को विज्ञान के विकास के साथ हुआ। विश्व के अधिकतर वैज्ञानिक अब एक स्वर में स्वीकार करते हैं कि पेड़-पौधों और वनों पर समस्त मानव-जाति का जीवन टिका हुआ है। ये प्रकृति के सबसे बड़े प्रहरी हैं, जिनके न रहने से संपूर्ण प्राणियों का अस्तित्व संकट में पड़ जाएगा। इसी कारण विश्व के विकासशील देश वन-संपत्ति को बचाने और बढ़ाने के लिए हर तरह से कारगर उपाय कर रहे हैं। जहाँ पेड़ निरंतर घटते जाते हैं वहाँ का मौसम असंतुलित हो जाता है। इससे सर्दी, गरमी और वर्षा की कोई निश्चितता नहीं रहती।

प्रकाश संश्लेषण की क्रिया द्वारा वृक्ष दिन भर ऑक्सीजन देते रहते हैं और जीवधारियों के द्वारा छोड़ी गई कार्बन डाइऑक्साइड को ग्रहण करते हैं; यानी अमृत छोड़ते हैं और विष ग्रहण करते हैं। इसीलिए इन्हें 'नीलकंठ' की उपमा दी गई है। कारखानों के धुएँ और अन्य विषैली गैसों को ये हमारी रक्षा के लिए पचाते रहते हैं।

पेड़-पौधे आकाश में उड़नेवाले बादलों को अपनी ओर आकर्षित करते हैं और उन्हें बरसने के लिए विवश कर देते हैं। जहाँ वृक्ष कम होते हैं वहाँ वर्षा भी कम होती है और वर्षा पर ही हरियाली निर्भर करती है।

पेड़ों की जड़ें जमीन में गहराई तक जाती हैं और वर्षा के प्रवाह में भी मिट्टी को जकड़े रहती हैं। जहाँ वृक्ष नहीं होते वहाँ भूमि की ऊपरवाली उपजाऊ परत वर्षा में बहकर नदी-नालों में चली जाती है। पेड़-पौधों के अभाव में ही समतल स्थान का पानी तेजी के साथ बहकर नदी-नालों में चला जाता है, जिससे भूमि पर्याप्त मात्रा में उसका अवशोषण नहीं कर पाती है।

कुओं, तालाबों, बावड़ियों का पानी तभी अधिक दिनों तक टिकता है जब पेड़ों की जड़ें जमीन की ऊपरी सतह को गीला रखती हैं। पेड़-पौधों की कमी के कारण इनका जल गहराई में उतर जाता है और कुएँ आदि सूख जाते हैं।

वृक्षों के पत्ते, फूल, डंठल टूट-टूटकर जमीन पर गिरते रहते हैं और मिट्टी में मिलकर सड़ जाते हैं तथा खाद बनकर भूमि की उर्वरा-शक्ति को बढ़ाते हैं। इस प्रकार वृक्ष अपने आस-पास उगनेवाले पेड़-पौधों को खाद-पानी देते रहते हैं। पक्षी पेड़ों पर वास करते हैं। पक्षी फसलों को नुकसान पहुँचानेवाले कीड़े-मकोड़ों को खा जाते हैं। वे अपने पंजों से फूलों के पराग इधर-उधर फैलाकर उनमें फल पैदा करते हैं। पक्षी दूर तक उड़ते हैं और अपने डैनों, पंजों एवं बीट द्वारा विभिन्न प्रकार के बीजों को दूर-दूर तक फैला देते हैं।

जंगली पशु पेड़ों की छाया में ही सर्दी, गरमी और बरसात की भयानक मार से राहत पाते हैं। जंगल के सभी जानवर वनों से ही अपना भोजन प्राप्त करते हैं।

नीम का पेड़ हम घर के आस-पास अवश्य लगाते हैं, क्योंकि उसकी सभी पत्तियाँ, जड़, तना, छाल आदि उपयोगी औषध हैं। औषध के रूप में इनका विशेष महत्त्व है। दाँत साफ करने के लिए नीम की दातुन ही सर्वोत्तम मानी जाती है। नीम का औषध के रूप में व्यापक प्रयोग होता है।

इसी प्रकार हिंदू घरों में तुलसी का पौधा अवश्य पाया जाता है। तुलसी का उपयोग विभिन्न प्रकार के रोगों की चिकित्सा के लिए किया जाता है। पेड़-पौधे से ही हमें हर प्रकार के फूल और स्वास्थ्यवर्द्धक फल मिलते हैं।

सुनने में चाहे अटपटा लगे, किंतु यह सत्य है कि हम भोजन के रूप में घास ही खाते हैं। गेहूँ, चावल, जौ, बाजरा, मकई आदि सभी अनाज की घासें ही हैं। संसार में लगभग १० हजार किस्म की घासें पाई जाती हैं। घासों के कारण मिट्टी का कटाव नहीं होता। ईख, जिससे हम चीनी व गुड़ प्राप्त करते हैं, भी एक प्रकार की घास ही है। वे सभी जानवर, जिनसे हमें दूध, घी, मांस, चमड़ा आदि प्राप्त होते हैं, मुख्य रूप से घास

पर निर्भर रहते हैं।

जलाऊ लकड़ी के लिए हम पेड़-पौधों पर ही आश्रित रहते हैं। आज ईंधन की समस्या जटिल हो गई है। शहरी क्षेत्रों में फलदार वृक्ष और फूलों के पौधों के अलावा किसी प्रकार के वृक्ष नहीं पाए जाते। गरीब लोग घास-फूस से अपने झोंपड़े आदि बनाते हैं।

पर्यावरणविदों का मत है कि पर्यावरण-संतुलन के लिए कुल भूभाग के क्षेत्र का ३३ प्रतिशत भाग पेड़-पौधों से ढका होना चाहिए। आज इसकी कमी के अभाव में पानी की कमी हो गई है। फसलों का पूरा उत्पादन नहीं हो पाता। कृषि-विस्तार के साथ हमें पेड़-पौधों के विस्तार करने के लिए आंदोलन चलाना चाहिए।

जलाऊ लकड़ी—भारत में ग्रामीण जनता के लिए लकड़ी ही सबसे बड़ा ईंधन है। अधिकांश लोगों, जो वन-प्रदेशों में निवास करते हैं का व्यवसाय लकड़ी काटना और बेचना ही है। तात्पर्य यह है कि जलाऊ लकड़ी पर्याप्त मिले, इसके लिए हमें वृक्षारोपण बढ़ाना ही पड़ेगा। ईंधन के अन्य साधनों के प्रयोग से ही ईंधन के लिए लकड़ी की अबाध कटाई को रोका जा सकता है।

चराई और चारा—पशुचारण से पेड़-पौधों के अस्तित्व को खतरा उत्पन्न हो गया है। सूखाग्रस्त इलाकों के लोग भेड़-बकरी पालते हैं। भेड़-बकरियाँ उगते हुए पौधों के पत्तों और कोंपलों को खा जाती हैं। इस कारण पेड़-पौधों की वृद्धि समाप्त होती जा रही है। इससे हमारे वनों को खतरा उत्पन्न हो गया है। अब इस ओर ध्यान दिया जाना अति आवश्यक है।

□

विभिन्न क्षेत्रों में वैज्ञानिक विकास

ईसा के ३,००० वर्ष पूर्व से १,५०० वर्ष तक मनुष्य अंकों का जोड़, घटाना, गुणा, भाग सीख चुका था।

प्राचीन भारत में बोधायन, बाणभट्ट, वराहमिहिर, आर्यभट्ट, कणाद, नागार्जुन, चरक, कात्यायन और गार्गी ने विज्ञान के क्षेत्र में बहुत योगदान किया। ऋग्वेद-काल के आर्यों ने १० को गणना का आधार माना। ईसा-पूर्व तीसरी और चौथी शताब्दियों के जैन गणितज्ञों ने इसी आधार पर अपनी अंक लिपि और गणित लिपि तैयार की। इस शृंखला में संख्याओं के स्थानीय मान की दशमलव पद्धति का आविष्कार हुआ। इस पद्धति को आज सारे विश्व ने अपनाया है।

भारत ने विश्व को 'शून्य' (०) का ज्ञान दिया, तब विश्व को गणना करने का संस्कार मिला। ग्रहों के प्रभाव की जानकारी भी भारत ने ही पूरे विश्व को दी।

विश्व में पाँच तत्त्वों की मौजूदगी की कल्पना भारतीय दार्शनिकों की ही देन है। इस ज्ञान का विस्तार बाद में मिस्र, अरब, चीन और यूरोप में हुआ।

भारतीयों को धातुकर्म, किण्वन तथा औषध के विषयों में पर्याप्त ज्ञान था। उन्हें औषधियों में भस्म, अर्क, आसव आदि के विषय में अच्छा ज्ञान था। सोमरस, ताड़ी आदि का निर्माण तथा सेवन इसके प्रमाण हैं।

औषध के क्षेत्र में सुश्रुत, चरक, बाण, धन्वंतरि, कैयदेव, भावमिश्र, पतंजलि के नाम प्रमुख हैं। तकनीक के क्षेत्र में भी प्राचीन भारत पिछड़ा नहीं था। धातु संबंधी ज्ञान भी अत्यधिक उन्नत था। दिल्ली में महरौली स्थित लौह स्तंभ पर आज तक जंग नहीं लगी है। यह आज भी शोध का विषय बना हुआ है। इस स्तंभ की चमक ज्यों-की-त्यों बनी हुई है।

पंद्रहवीं-सोलहवीं शताब्दी में यूरोपीय समाज में एक क्रांति हुई थी। उसे 'औद्योगिक क्रांति' के नाम से जाना जाता है। यह विज्ञान की व्यापक उन्नति के कारण संभव हो पाई। इस युग को 'न्यूटन युग' के नाम से पुकारा जाता है। ऐसा इसलिए कि सर आइजक न्यूटन

उस समय के महान् विज्ञानी थे। इस युग के प्रसिद्ध यूरोपीय विज्ञानी थे—लियोनार्ड, वैसेलियस, गैलीलियो, हार्वे तथा ब्वायल। उन्होंने भौतिकी, गणित, रसायन, जीव-विज्ञान तथा खगोल-विज्ञान के विकास में महत्त्वपूर्ण योगदान दिया था।

सन् १८०३ में डाल्टन ने विश्व को अपना परमाणविक सिद्धांत दिया। ऐवोगैड्रो ने सन् १८११ में 'अणु' की खोज की। सन् १९०० के बाद परमाणु-संरचना, रेडियोधर्मिता तथा परमाणविक शक्ति की खोज हुई। उन्नीसवीं सदी के प्रमुख आविष्कार भाप, तेल तथा विद्युत् थे। भाप की शक्ति से भाप इंजन और मशीन आदि चलाए गए। तेल की ऊर्जा से मोटर इंजन तथा हवाई जहाज ने गति पाई। विद्युत् ऊर्जा का उपयोग जीवन के प्रत्येक क्षेत्र में हो रहा है। टेलीविजन, टेलीग्राफ तथा अन्य मशीनों को चलाने में इसका उपयोग है। रेडियो, ग्रामोफोन व टेलीविजन जैसे मनोरंजन के साधनों का आविष्कार हुआ। चिकित्सा-विज्ञान के क्षेत्र में महत्त्वपूर्ण आविष्कार किए गए। बीसवीं सदी का सबसे महत्त्वपूर्ण आविष्कार 'परमाणु शक्ति' है।

वर्तमान युग में हम विज्ञान के चमत्कारों में पूरी तरह से बँध गए हैं। विज्ञान से हमारे जीवन का हर पहलू प्रभावित है। यही कारण है कि आधुनिक युग को 'विज्ञान का युग' कहा जाता है।

किंतु हमने विज्ञान के बल पर एटम बम, न्यूट्रॉन बम आदि बनाकर अपने ही विनाश की तैयारी कर ली है। विज्ञान के कारण मानव अंतरिक्ष और चाँद तक पहुँच पाया है। विज्ञान का विकास मानव को सुखी बनाने के लिए होना चाहिए। विनाश के लिए विज्ञान का उपयोग किसी भी रूप में नहीं होना चाहिए! आज का युग पूर्णतः विज्ञान पर आश्रित है।

□

हमारे जीवन में कंप्यूटर की उपयोगिता

एक समय था, जब लोगों के पास गणना करने के लिए कुछ भी नहीं था। वे लकड़ी के छोटे-छोटे टुकड़ों का इस्तेमाल करते थे, दानेदार वस्तुओं का भी उपयोग करते थे। दिन-महीने याद रखने के लिए दीवारों पर चिह्न बना लिया करते थे।

सन् १८३३ में एक और मशीन तैयार की गई, जिसे चार्ल्स बैबेज ने तैयार किया था। उसका नाम 'डिफरेंस मशीन' (Difference Machine) रखा गया था। उस मशीन में कई पहिए लगे हुए थे। उन पहियों को घुमाने से गणितीय प्रश्नों के हल मिलते थे। उस मशीन में एक बहुत बड़ा दोष था, जिसके चलते वह अधिक सफल नहीं रही। दोष यह था कि उस मशीन से एक ही काम लिया जा सकता था।

चार्ल्स बैबेज ने एक नए प्रकार की मशीन तैयार करने का निर्णय लिया। चार्ल्स बैबेज ने अपने प्रयासों के चलते एक नए प्रकार की मशीन बना ली। उस मशीन में 'प्रोग्राम' बनाकर प्रश्नों को हल किया जा सकता था। उस मशीन का नाम 'एनालिटिकल इंजन' (Analytical Engine) रखा गया।

चार्ल्स ने जो सिद्धांत उस इंजिन को बनाने के लिए अपनाया था, आज कंप्यूटर में भी उसी सिद्धांत का इस्तेमाल किया जाता है। इसीलिए चार्ल्स बैबेज को 'कंप्यूटर का जनक' कहा जाता है।

हाँ, चार्ल्स बैबेज ने एनालिटिकल इंजन बनाने का जो सिद्धांत दिया था, उसे पूरा करने से पूर्व ही उसकी मृत्यु हो गई थी। उसके इस अधूरे कार्य को उसकी एक प्रिय मित्र लेडी एडा (Lady Ada) ने पूरा किया था। इस तरह दुनिया का सबसे पहला प्रोग्रामर लेडी एडा को माना जाता है।

चार्ल्स बैबेज और ब्लेज पास्कल द्वारा बनाई गई मशीनें पूरी तरह से यांत्रिकीय थीं। वहीं 'हर्मन हॉलरिथ' (Herman Hollerith) ने सबसे पहले विद्युत्-शक्ति का प्रयोग करके एक मशीन का आविष्कार किया और उस मशीन का नाम 'टेबुलेटर' (Tabulator) रखा।

टेबुलेटर के आविष्कार से अंकगणित के प्रश्नों के हल आसान हो गए। हर्मन हॉलरिथ ने अपने आविष्कार को बेचने के लिए एक कंपनी बनाई। उस कंपनी का नाम 'टेबुलेटिंग कंपनी' रखा गया था। आगे चलकर 'टेबुलेटिंग कंपनी' में अनेक कंपनियाँ मिल गईं। ऐसे में उसका नाम बदला गया। उसका नाम 'आई.बी.एम.' (I.B.M. : International Business Machine) रखा गया। आज की दुनिया में सबसे ज्यादा कंप्यूटर बनानेवाली कंपनी आई.बी.एम. ही है।

सन् १९४३ में हार्वर्ड यूनिवर्सिटी के 'हावार्ड आइकेन' ने एक अन्य मशीन का आविष्कार किया। उसका नाम 'मार्क-१' (MARK-1) रखा गया। दो वर्षों के बाद सन् १९४५ में संयुक्त राज्य अमेरिका में एक इलेक्ट्रॉनिक कंप्यूटर का आविष्कार किया गया। उसका नाम 'एनिएक' (E.N.I.A.C.: Electronic Numeric Integrator and Calculator) था। इस तरह आधुनिक कंप्यूटर का आगमन हुआ।

कंप्यूटर के प्रयोग से हमें तरह-तरह के लाभ हैं—

कंप्यूटर बहुत ही कम समय में कोई भी कार्य पूरा कर देता है। इसकी गति 'MOPS' तक की होती है। कंप्यूटर द्वारा जो गणना की जाती है, वह बिलकुल सटीक होती है। कंप्यूटर बार-बार किए जानेवाले कार्य को भी बड़ी आसानी से करता है। वह व्यक्ति की तरह न तो थकता है और न ही अपनी जिम्मेदारी को नजरअंदाज करता है।

कंप्यूटर अनेक लोगों का कार्य अकेले कर सकता है। इसकी मेमोरी (स्मरण-शक्ति) बहुत ज्यादा होती है। आज का युग कंप्यूटर युग है। जीवन का कोई ऐसा क्षेत्र बचा नहीं है, जिसमें कंप्यूटर का उपयोग न होता हो। शिक्षा, चिकित्सा-विज्ञान, वाणिज्य, बैंकिंग क्षेत्र तो इस पर पूरी तरह निर्भर हैं।

□

मत्स्य-पालन

मत्स्य-पालन अब एक बड़ा उद्योग बन चुका है। अन्य उद्योगों की तरह इसमें भी लाखों लोग लगे हुए हैं। तालाबों तथा अन्य जल-क्षेत्रों में मछलियाँ पाली जाती हैं। पानी में छोटे-छोटे जंतु होते हैं, जो मछलियों के 'प्राकृतिक भोजन' कहलाते हैं। मछलियाँ इन छोटे-छोटे जलीय जीवों को खाती हैं। इन जीवों को 'प्लवक' कहते हैं। प्लवक जंतु वर्ग के अंतर्गत आते हैं। प्लवक वानस्पतिक वर्ग में भी रखे जाते हैं। प्लवकों का आकार-प्रकार बहुत छोटा होता है। जल में कुछ प्लवक आँखों से दिखाई देते हैं। बहुत से प्लवक तो आँखों से भी नहीं देखे जा सकते।

मछलियाँ प्लवकों को बहुत चाव से खाती हैं। प्लवकों के सामने वे अन्य कोई भोजन पसंद नहीं करतीं। जल-क्षेत्रों में प्लवकों का उत्पादन मौसम पर निर्भर करता है। गरमी में इनका उत्पादन अधिक होता है, जाड़े में कम हो जाता है।

मछली पालनेवाले तालाबों में मुख्यत: दो प्रकार की खाद प्रयोग की जाती है। कार्बनिक खाद और अकार्बनिक खाद। तालाबों के लिए मुख्य रूप से नाइट्रोजन, फॉस्फोरस, पोटैशियम तथा कैल्सियम तत्त्व आवश्यक हैं। इन तत्त्वों को प्राय: तालाबों में चूना, यूरिया और फॉस्फेट के साथ प्रयोग किया जाता है।

तालाबों में हमेशा तेजी से बढ़नेवाली मछलियाँ ही पालनी चाहिए। वे मछलियाँ देशी-विदेशी दोनों हो सकती हैं।

देश में अभी तक जो अनुसंधान हुए हैं, उनके परिणाम के अनुसार तीन देशी और तीन विदेशी मछलियों को एक साथ पालने की सलाह दी गई है। देशी मछलियाँ हैं— सिल्वर कॉर्प, ग्रॉस कॉर्प तथा कॉमन कॉर्प। इन मछलियों को तालाबों में एक साथ पालकर इनकी अधिक पैदावार की जा सकती है। मछलियाँ तालाबों में अपनी-अपनी प्रजातियों को बढ़ाती रहती हैं और अपनी वंश-वृद्धि करती रहती हैं।

इन मछलियों का भोजन-ग्रहण का स्वभाव भी अलग-अलग होता है। इन मछलियों के मुँह की बनावट अलग-अलग होती है। ये इसी बनावट के आधार पर

तालाब में अलग-अलग सतहों पर भोजन ग्रहण करती हैं।

भारत के तीन ओर समुद्री सीमा है और असीम समुद्र फैला हुआ। हमारे समुद्र तटों से भारी मात्रा में मछलियाँ पकड़ी जाती हैं। दक्षिण भारतीयों का मुख्य भोजन मछली ही है। इसके अलावा मछलियों को सुखाकर परिरक्षित करके रखा जाता है। मछलियों से निकाला गया तेल औषध-निर्माण में बड़े पैमाने पर उपयोग में लाया जाता है। सरकार इस उद्योग को तरह-तरह की सुविधाएँ देकर प्रोत्साहित कर रही है। नित्य निरंतर बढ़ती आबादी की भोजन की माँग को पूरा करने के लिए सरोवरों, जोहड़ों, नदियों व तालाबों में मत्स्य उद्योग का विस्तार किया जाना चाहिए।

□

दहेज का अभिशाप

सदियाँ बीत जाने के बावजूद, आज भी, नारी शोषण से मुक्त नहीं हो पाई है। उसके लिए दहेज सबसे बड़ा अभिशाप बन गया है। लड़की का जन्म माता-पिता के लिए बोझ बन जाता है। पैदा होते ही उसे अपनी ही माँ द्वारा जनमे भाई की अपेक्षा दोयम दर्जा प्राप्त होता है। यद्यपि माता-पिता के लिए ममत्व में यह समानता की अधिकारिणी है, तथापि कितने ही उदार व्यक्ति हों, लड़के की अपेक्षा लड़की पराई समझी जाती है।

दहेज समाज की कुप्रथा है। मूल रूप में यह समाज के आभिजात्य वर्ग की उपज है। धनवान् व्यक्ति ही धन के बल पर अपनी अयोग्य कन्या के लिए योग्य वर खरीद लेता है और निर्धन वर्ग एक ही जाति में अपनी योग्य कन्या के लिए उपयुक्त वर पा सकने में असमर्थ हो जाता है।

धीरे-धीरे यह सामाजिक रोग आर्थिक कारणों से भयंकरतम होता चला गया। दहेज के लोभ में नारियों पर अत्याचार बढ़ने लगे। प्रतिदिन अनेक युवतियाँ दहेज की आग में जलकर राख हो जाती हैं अथवा आत्महत्या करने पर विवश होती हैं।

समाज-सुधार की नारेबाजी में समस्या का निराकरण सोच पाने की क्षमता भी समाप्त होती जा रही है। दहेज-प्रथा को मिटाने के लिए कठोर कानून की बातें करनेवाले विफल हैं।

हिंदू कोड बिल के पास हो जाने के बाद जो स्थिति बदली है, यदि उसी के अनुरूप लड़की को कानूनी संरक्षण प्राप्त हो जाए तो दहेज की समस्या सदा-सर्वदा के लिए समाप्त हो सकती है। पिता अपनी संपत्ति से अपनी पुत्री को हिस्सा देने की बजाय एक-दो लाख रुपए दहेज देकर मुक्ति पा लेना चाहता है। इस प्रकार सामाजिक बुराई के साथ ही नारी के कानूनी अधिकार का परोक्ष हनन भी होता है। अभी तक बहुत कम पिताओं ने ही संपत्ति में अपनी बेटी को हिस्सा दिया है। लड़की के इस अधिकार को प्राप्त करने के लिए न्यायालय की शरण लेनी पड़े तो उसे प्राप्त होनेवाले धन का अधिकांश भाग कोर्ट-कचहरी के चक्कर में व्यय हो जाता है।

यदि गहराई से देखें तो हर सामाजिक बुराई की बुनियाद में आर्थिक कारण होते हैं। दहेज में प्राप्त होनेवाले धन के लालच में स्त्री पर अत्याचार करनेवाले दोषी हैं, परंतु उसका कानूनी अधिकार न देकर इस स्थिति में पहुँचा देनेवाले भी कम दोषी नहीं हैं।

दहेज पर विजय पाने के लिए स्त्री को आर्थिक रूप से स्वावलंबी बनाना आवश्यक है। रूढ़िग्रस्त समाज की अशिक्षित लड़की स्वावलंबी बनेगी कैसे? दहेज जुटाने की बजाय पिता को अपनी पुत्री को उच्च-से-उच्च शिक्षा दिलानी चाहिए। उसे भी पुत्र की तरह अपने पैरों पर खड़ा करना जरूरी है।

दहेज की ज्यादा समस्या उसी वर्ग में पनप रही है, जहाँ संपत्ति और धन है। धनी वर्ग पैसे के बल पर गरीब लड़का खरीद लेते हैं और गरीब की लड़की के लिए रास्ता बंद करने का अपराध करते हैं। लड़के और लड़की में संपत्ति का समान बँटवारा विवाह में धन की फिजूलखर्ची की प्रवृत्ति को कम कर सकता है और इस प्रकार विवाह की शान-शौकत, दिखावा, फिजूलखर्ची एवं लेन-देन स्वतः समाप्त हो सकता है।

किसी भी लड़की को यदि उसके पिता की संपत्ति का सही अंश मिल जाए तो उसकी आर्थिक हैसियत उसे आत्मबल प्रदान करे और अपने जीवन-यापन का सहारा पाने के बाद वह स्वयं लालची व क्रूर व्यक्तियों से संघर्ष कर सकेगी। आर्थिक पराधीनता और पिता के घर-द्वार बंद होने के कारण लाखों अबलाओं को अत्याचार सहने के लिए बाध्य होना पड़ता है।

□

जीवन में स्वच्छता का महत्त्व

एक कहावत है—'कुत्ता भी जब बैठता है तो पूँछ झाड़कर बैठता है।' इसका अर्थ यह है कि जब कुत्ता किसी स्थान पर बैठता है तब सबसे पहले उसे पूँछ से साफ कर लेता है, अर्थात् कुत्ता भी स्वच्छताप्रिय होता है। फिर मनुष्य को तो सफाई का ध्यान अवश्य रखना चाहिए। वास्तव में, स्वच्छता जीवन में अत्यंत आवश्यक है। प्रत्येक मनुष्य को चाहिए कि वह सदैव स्वच्छता से रहे। अंग्रेजी में एक कहावत है—'सत्य के बाद स्वच्छता का स्थान है।'

सफाई दो प्रकार की होती है—बाह्य और आंतरिक। बाह्य सफाई से प्रयोजन शरीर, वस्त्र, निवास आदि की स्वच्छता से है। आंतरिक स्वच्छता से तात्पर्य मन और हृदय की स्वच्छता से है।

इन दोनों में श्रेष्ठतर 'आंतरिक' स्वच्छता है। इसमें आचरण की शुद्धता जरूरी है। शुद्ध आचरण से मनुष्य का चेहरा तेजोमय होता है। सब लोग उसको आदर की दृष्टि से देखते हैं। उसके समक्ष प्रत्येक व्यक्ति स्वयं ही अपना मस्तक झुका लेता है। उसके प्रति लोगों में अत्यंत श्रद्धा होती है।

बाह्य स्वच्छता में बालों की सफाई, नाखूनों की सफाई, कपड़ों की सफाई इत्यादि शामिल है। इसकी अवहेलना करके मनुष्य स्वस्थ नहीं रह सकता। इसकी उपेक्षा करने से बड़े दुष्परिणाम नजर आते हैं। मनुष्य रोगग्रस्त होकर नाना प्रकार के दुःखों से पीड़ित रहता है। वह मनुष्य क्या कभी स्वस्थ रह सकता है, जो सर्वदा स्वच्छ जलवायु से वंचित रहता है? अतः यह स्पष्ट है कि स्वास्थ्य-रक्षा के लिए स्वच्छता अनिवार्य है। यह प्रायः सभी लोगों का अनुभव है कि जो मनुष्य गंदे रहते हैं, वे दुर्बल और रुग्ण होते हैं। जो मनुष्य स्वच्छ रहते हैं, वे हृष्ट-पुष्ट और निरोग रहते हैं।

स्वास्थ्य के अतिरिक्त बाह्य सफाई से चित्त को प्रसन्नता भी मिलती है। जब कोई मनुष्य गंदे वस्त्र पहने रहता है तब उसका मन मलिन बना रहता है और उसमें आत्मविश्वास की कमी महसूस होती है, परंतु यदि वही मनुष्य स्वच्छ वस्त्र धारण कर लेता है तो उसमें

एक प्रकार की स्फूर्ति और प्रसन्नता का संचरण हो जाता है। आपको यदि ऐसे स्थान पर छोड़ दिया जाए, जहाँ कूड़ा-करकट फैला हो, जहाँ मल-मूत्र पड़ा हो तो क्या आपका चित्त वहाँ प्रसन्न रहेगा? नहीं। क्यों? इसलिए कि आपको वहाँ दुःख होगा, घृणा लगेगी।

बाह्य स्वच्छता से सौंदर्य में भी वृद्धि होती है। एक स्त्री जो फटे, मैले-कुचैले वस्त्र धरण किए हुए है, उसकी ओर कोई देखता तक नहीं; परंतु यदि वही स्त्री स्वच्छ वस्त्र धारण कर लेती है तो सुंदर दिखाई देने लगती है। धूल-धूसरित बनने की अपेक्षा स्वच्छ बालक सुंदर तथा प्रिय लगते हैं!

मनुष्य मात्र में स्वच्छता का विचार उत्पन्न करने के लिए शिक्षा का प्रचार करना अनिवार्य है। शिक्षा पाने से व्यक्ति स्वत: स्वच्छता की ओर प्रवृत्त हो जाता है। ध्यान रहे, बाह्य स्वच्छता का प्रभाव आंतरिक स्वच्छता पर भी पड़ता है। इसके अतिरिक्त आंतरिक स्वच्छता सत्संगति से मिलती है। सचमुच यह दुर्भाग्य ही है कि हममें से अधिकांश व्यक्ति स्वच्छता पर ध्यान नहीं दे पाते। स्वच्छता उत्तम स्वास्थ्य का मूल है।

□

मलेरिया और उसकी रोकथाम

मलेरिया को 'जूड़ी बुखार' भी कहा जाता है। यह रोग एक मच्छर के काटने से होता है। इस मच्छर को 'एनाफिलीज' कहते हैं। यह मादा होती है।

अब यह स्पष्ट हो चुका है कि यह रोग मच्छरों द्वारा फैलता है। इसके पहले लोग यही समझते थे कि यह रोग गंदी हवा के कारण होता है।

जहाँ गंदगी और नमी रहती है या गंदा पानी भरा रहता है, वहाँ मलेरिया तेजी से फैलता है। 'एनाफिलीज' नामक मादा मच्छर जब किसी मलेरिया के रोगी को काटती है तथा उसका खून चूसती है तो उस समय रोगी के अंदर के मलेरिया कीटाणु उस मच्छर के शरीर में पहुँच जाते हैं। फिर जब वह मादा मच्छर किसी स्वस्थ व्यक्ति को काटती है तब वह उस व्यक्ति के शरीर में मलेरिया के कीटाणु पहुँचा देती है। इस तरह से एक स्वस्थ व्यक्ति मलेरिया रोग का शिकार हो जाता है।

रोग के लक्षण

- रोगी को कँपकँपी के साथ ठंड लगती है और बहुत तेज बुखार आता है, फिर १०२ या १०३ डिग्री तक पहुँच जाता है।
- तीसरे-चौथे दिन पहले की तरह ठंड लगकर तेज बुखार आता है।
- रोगी बहुत ही कमजोर पड़ जाता है। शरीर में कमजोरी आ जाती है।
- रोगी का शरीर टूटता है।
- रोगी अँगड़ाइयाँ लेने लगता है।

रोग की रोकथाम

आगे बताए हुए उपायों के द्वारा मलेरिया के रोग से छुटकारा पाया जा सकता है—

- अपने घर में पानी को खुला न छोड़ें, हरसंभव कोशिश यही होनी चाहिए कि मच्छर पैदा न हों।

- मादा 'एनाफिलीज' पानी में अंडे देती है। अतः इस बात का ध्यान रखना चाहिए कि आपके घर के आस-पास पानी एकत्र न हो।
- यदि घर के आस-पास पानी भरा हुआ है तो उस स्थान पर मिट्टी का तेल छिड़क देना चाहिए।
- नदियों, तालाबों, पोखरों, कुओं तथा गड्ढों में मछलियों को छोड़ देना चाहिए। वे मछलियाँ मच्छरों के लार्वा और अंडों का भक्षण कर उन्हें बढ़ने नहीं देंगी।
- सोते समय मच्छरदानी का उपयोग करना चाहिए।
- घर से मच्छरों को दूर भगाने के लिए मच्छरनाशक दवाओं और अगरबत्तियों का प्रयोग करना चाहिए।
- समय-समय पर घर के अंदर और उसके आस-पास 'डी.डी.टी.' का छिड़काव करना चाहिए।
- रात के ठंडे वातावरण में खुले स्थान पर नहीं सोना चाहिए।
- दरवाजे और खिड़कियाँ जालीदार होनी चाहिए।
- रोगी का कक्ष स्वच्छ हवादार और रोशनी-युक्त होना चाहिए।
- रोगी को तुरंत डॉक्टर को दिखाना चाहिए।
- जब बुखार अधिक तेज हो तो माथे पर बर्फ की पट्टी रख देनी चाहिए।

□

रक्षाबंधन

भारत में बारहों महीने कोई-न-कोई त्योहार मनाया जाता है। हिंदू समाज के चार प्रमुख त्योहार हैं—'रक्षाबंधन', 'विजयादशमी', 'दीपावली' और 'होली'। इन सब में रक्षाबंधन प्रमुख त्योहार है। इसकी परंपरा अत्यंत प्राचीन है। प्राय: सभी जाति-वर्ग के लोग इसे समान रूप से मनाते हैं।

रक्षाबंधन श्रावण मास की पूर्णिमा को मनाया जाता है। इसे 'श्रावणी' भी कहते हैं। इसका ब्राह्मणों के लिए विशेष महत्त्व है। प्राचीन परंपरा के अनुसार ऋषि-मुनि यज्ञ करते थे। उस समय ऋषि-मुनि संबद्ध देश के राजा को अपनी धार्मिक क्रियाओं के लिए वचनबद्ध कराते थे। राजा उन्हें रक्षा का वचन देकर आशीर्वाद ग्रहण करते थे। इस दिन बहनें अपने भाइयों की कलाई पर राखी बाँधती हैं और बदले में भाई उनकी रक्षा का वचन देते हैं। यह मुख्यत: बहन-भाई का त्योहार है।

मध्यकाल में लोगों का जीवन पहले की भाँति सुखमय न था, तब अपनी रक्षा के लिए बहनें अपने भाई की कलाई में रेशम के धागे का रक्षा-सूत्र (राखी) बाँधने लगीं। मेवाड़ की महारानी कर्णावती ने बादशाह हुमायूँ को भाई मानकर अपनी रक्षा के लिए राखी भेजी थी। उस उदार मुगल शासक ने उसे स्वीकार किया था। इसकी एक बहुत ही रोचक कहानी है।

लगभग चार सौ साल पहले की बात है। मेवाड़ के नरेश महाराणा संग्राम सिंह की मृत्यु हो गई थी। उनकी मृत्यु के बाद कुमार विक्रमादित्य सिंहासन पर बैठे। उस समय विक्रमादित्य बहुत छोटे थे। उन दिनों मेवाड़ के सरदारों में आपसी फूट चरम पर थी। अपने लिए सही मौका जानकर गुजरात के शासक बहादुरशाह ने मेवाड़ पर आक्रमण कर दिया। उस विपदा के समय में भी राजमाता कर्णावती घबराईं नहीं।

उस समय दिल्ली में बादशाह हुमायूँ का शासन था। महारानी कर्णावती ने उसके पास राखी और एक पत्र भेजा। पत्र में लिखा था—''महाराज अब इस संसार में नहीं रहे। कुमार अभी बाल्यावस्था में हैं। राज्य में आपसी फूट है। गुजरात का शासक बहादुरशाह,

जो कभी महाराज के शरणागतों में था, किले पर चढ़ आया है। मैं राखी भेज रही हूँ। आप इसे स्वीकार करें! आप महाराज के सिंहासन की रक्षा करें! मैं तो अपने धर्म की रक्षा अग्नि द्वारा कर लूँगी।''

राखी और पत्र पाते ही हुमायूँ ने अपनी बहन की रक्षा का संकल्प लिया तथा उसने अपनी विशाल सेना के साथ मेवाड़ के लिए कूच किया।

□

विजयादशमी

'विजयादशमी' हिंदुओं का प्रमुख पर्व है। इसे 'दशहरा' भी कहते हैं। सभी बड़ी श्रद्धा के साथ मनाते हैं। विजयादशमी का संबंध 'शक्ति' से है। जिस प्रकार ज्ञान के लिए सरस्वती की उपासना की जाती है उसी प्रकार शक्ति के लिए दुर्गा की उपासना की जाती है।

कहा जाता है कि अत्याचार करनेवाले 'महिषासुर' नामक राक्षस का उन्होंने संहार किया था। इसके लिए उन्होंने 'महिषासुरमर्दिनी' का रूप धारण किया था। दुर्गा ने ही शुंभ-निशुंभ नामक राक्षसों को मारा था। उन्होंने चामुंडा का रूप धारण करके चंड-मुंड राक्षसों का वध किया। श्रीरामचंद्र ने दुर्गा माँ की पूजा करके ही रावण का वध किया था। इसलिए बंगाल में तथा कुछ अन्य क्षेत्रों में भी इस पर्व को 'दुर्गा पूजा' के नाम से भी जाना जाता है।

विजयादशमी का त्योहार दस दिनों तक चलता रहता है। आश्विन मास शुक्लपक्ष की प्रतिपदा से इसका आरंभ होता है। दशमी के दिन इसकी समाप्ति होती है। प्रतिपदा के दिन प्रत्येक हिंदू परिवार में देवी भगवती की स्थापना की जाती है। गोबर से कलश सजाया जाता है। कलश के ऊपर जौ के दाने खोंसे जाते हैं। आठ दिनों तक नियमपूर्वक देवी की पूजा, कीर्तन और दुर्गा-पाठ होता है। नवमी के दिन पाँच कन्याओं को खिलाया जाता है। उसके बाद देवी की मूर्ति का विसर्जन किया जाता है। इस उत्सव को 'नवरात्र' भी कहते हैं। इन नौ दिनों में पूजा करनेवाले बड़े संयम से रहते हैं। दशमी के दिन विशेष उत्सव मनाया जाता है। इसे 'विजयादशमी' (दशहरा) कहते हैं। दशहरा दस पापों को नष्ट करनेवाला माना जाता है।

इस पर्व को कुछ लोग कृषि-प्रधान त्योहार के रूप में भी मनाते हैं। इसका संबंध उस दिन से जोड़ते हैं, जब श्रीरामचंद्र ने लंका के राजा रावण को मारकर विजय प्राप्त की थी, इसलिए यह 'विजयादशमी' के नाम से भी जाना जाता है।

विजयादशमी के साथ अनेक परंपरागत विश्वास भी जुड़े हुए हैं। इस दिन राजा

का दर्शन शुभ माना जाता है। इस दिन लोग 'नीलकंठ' के दर्शन करते हैं। गाँवों में इस दिन लोग जौ के अंकुर तोड़कर अपनी पगड़ी में खोंसते हैं। कुछ लोग इसे कानों और टोपियों में भी लगाते हैं।

उत्तर भारत में दस दिनों तक श्रीराम की लीलाओं का मंचन होता है। विजयादशमी रामलीला का अंतिम दिन होता है। इस दिन रावण का वध किया जाता है तथा बड़ी धूमधाम से उसका पुतला जलाया जाता है। कई स्थानों पर बड़े-बड़े मेले लगते हैं। राजस्थान में शक्ति-पूजा की जाती है। मिथिला और बंगाल में आश्विन शुक्लपक्ष में दुर्गा की पूजा होती है। मैसूर का दशहरा पर्व देखने लायक होता है। वहाँ इस दिन 'चामुंडेश्वरी देवी' के मंदिर की सजावट अनुपम होती है। महाराजा की सवारी निकलती है। प्रदर्शनी भी लगती है। यह पर्व सारे भारत में बड़ी धूमधाम से मनाया जाता है।

विजयादशमी के अवसर पर क्षत्रिय अपने अस्त्र-शस्त्रों की पूजा करते हैं। जिन घरों में घोड़ा होता है, वहाँ विजयादशमी के दिन उसे आँगन में लाया जाता है। इसके बाद उस घोड़े को विजयादशमी की परिक्रमा कराई जाती है और घर के पुरुष घोड़े पर सवार होते हैं।

इस दिन तरह-तरह की चौकियाँ निकाली जाती हैं। ये चौकियाँ अत्यंत आकर्षक होती हैं। इन चौकियों को देखने के लिए हजारों की संख्या में लोग टूट पड़ते हैं।

□

दीपावली

दीपावली हिंदुओं का प्रमुख पर्व है। यह पर्व समूचे भारत में उत्साह के साथ मनाया जाता है। वर्षा और शरद् ऋतु के संधिकाल का यह मंगलमय पर्व है। यह कृषि से भी संबंधित है। ज्वार, बाजरा, मक्का, धान, कपास आदि इसी ऋतु की देन हैं। इन फसलों को 'खरीफ' की फसल कहते हैं।

इस त्योहार के पीछे भी अनेक कथाएँ हैं। कहा जाता है कि जब श्रीरामचंद्र रावण का वध करके अयोध्या लौटे, तब उस खुशी में उस दिन घर-घर एवं नगर-नगर में दीप जलाकर यह उत्सव मनाया गया। उसी समय से दीपावली की शुरुआत हुई। यह भी कहा जाता है कि श्रीकृष्ण ने नरकासुर का इसी दिन संहार किया था। यह भी कहा जाता है कि वामन का रूप धारण कर भगवान् विष्णु ने दैत्यराज बलि की दानशीलता की परीक्षा लेकर उसके अहंकार को मिटाया था। तभी तो विष्णु भगवान् की स्मृति में यह पर्व मनाया जाता है।

जैन धर्म के अनुसार, चौबीसवें तीर्थंकर भगवान् महावीर ने इसी दिन पृथ्वी पर अपनी अंतिम ज्योति फैलाई थी और वे मृत्यु को प्राप्त हो गए थे। आर्यसमाज के प्रवर्तक स्वामी दयानंद सरस्वती की मृत्यु भी इसी अवसर पर हुई थी। इस प्रकार इन महापुरुषों की स्मृतियों को अमर बनाने के लिए भी यह त्योहार बहुत उल्लास के साथ मनाया जाता है।

यह त्योहार पाँच दिनों तक चलता रहता है। त्रयोदशी के दिन 'धनतेरस' मनाया जाता है। उस दिन नए-नए बरतन खरीदना बहुत शुभ माना जाता है। एक कथा प्रचलित है कि समुद्र-मंथन से इसी दिन देवताओं के वैद्य 'धन्वंतरि' निकले थे। इस कारण इस दिन 'धन्वंतरि जयंती' भी मनाई जाती है। दूसरे दिन कार्तिक कृष्ण चतुर्दशी को 'नरक चतुर्दशी' अथवा 'छोटी दीपावली' का उत्सव मनाया जाता है। श्रीकृष्ण द्वारा नरकासुर के वध के कारण यह दिवस 'नरक चतुर्दशी' के नाम से जाना जाता है। अपने-अपने घरों से गंदगी दूर कर देना ही एक प्रकार से नरकासुर के वध को प्रतीक रूप में मान लिया जाता है।

तीसरे दिन अमावस्या होती है। दीपावली उत्सव का यह प्रधान दिन है। रात्रि के समय लक्ष्मी-पूजन होता है। उसके बाद लोग अपने घरों को दीप-मालाओं से सजाते हैं। बच्चे-बूढ़े फुलझड़ी और पटाखे छोड़ते हैं। सारा वातावरण धूम-धड़ाके से गुंजायमान हो जाता है। इस प्रकार अमावस्या की रात रोशनी की रात में बदल जाती है।

चौथे दिन 'गोवर्द्धन-पूजा' होती है। यह पूजा श्रीकृष्ण के गोवर्द्धन धारण करने की स्मृति में की जाती है। स्त्रियाँ गोबर से गोवर्द्धन की प्रतिमा बनाती हैं। रात्रि को उनकी पूजा होती है। किसान अपने-अपने बैलों को नहलाते हैं और उनके शरीर पर मेहँदी एवं रंग लगाते हैं। इस दिन 'अन्नकूट' भी मनाया जाता है।

पाँचवें दिन 'भैयादूज' का त्योहार होता है। इस दिन बहनें अपने-अपने भाइयों को तिलक लगाकर उनके लिए मंगल-कामना करती हैं। कहा जाता है कि इसी दिन यमुना ने अपने भाई यमराज के लिए कामना की थी। तभी से यह पूजा चली आ रही है। इसीलिए इस पर्व को 'यम द्वितीया' भी कहते हैं।

दरअसल दीपावली का पर्व कई रूपों में उपयोगी है। इसी बहाने टूटे-फूटे घरों, दूकान, फैक्टरी आदि की सफाई-पुताई हो जाती है। वर्षा ऋतु में जितने कीट-पतंगे उत्पन्न हो जाते हैं, सबके सब मिट्टी के दीये पर मँडराकर नष्ट हो जाते हैं।

जहाँ दीपावली का त्योहार हमारे लिए इतना लाभप्रद है, वहीं इस त्योहार के कुछ दोष भी हैं। कुछ लोग आज के दिन जुआ आदि खेलकर अपना धन बरबाद करते हैं। उनका विश्वास है कि यदि जुए में जीत गए तो लक्ष्मी वर्ष भर प्रसन्न रहेंगी। इस प्रकार से भाग्य आजमाना कई बुराइयों को जन्म देता है, एक बात और, दीपावली पर अधिक आतिशबाजी से बचना चाहिए, क्योंकि इसका धुआँ हमारे पर्यावरण के लिए हानिकारक है।

□

होली

होली का पर्व ऋतुराज वसंत के आगमन पर फाल्गुन की पूर्णिमा को आनंद और उल्लास के साथ मनाया जाता है। इन दिनों रबी की फसल पकने की तैयारी में होती है। फाल्गुन पूर्णिमा के दिन लोग गाते-बजाते, हँसते-हँसाते अपने खेतों पर जाते हैं। वहाँ से वे जौ की सुनहरी बालियाँ तोड़ लाते हैं। जब होली में आग लगती है तब उस अधपके अन्न को उसमें भूनकर एक-दूसरे को बाँटकर गले मिलते हैं।

होलिका-दहन के संबंध में एक कहानी प्रसिद्ध है—हिरण्यकशिपु की बहन होलिका को वरदान प्राप्त था कि आग उसे जला नहीं सकती। हिरण्यकशिपु ईश्वर को नहीं मानता था। वह अपने को ही सबसे बड़ा मानता था। उसका पुत्र प्रह्लाद अपने पिता के विपरीत ईश्वर पर विश्वास करता था। पिता ने उसे ऐसा करने के लिए बार-बार समझाया, किंतु प्रह्लाद पर कोई असर नहीं हुआ। इस पर हिरण्यकशिपु बहुत क्रुद्ध हुआ। उसने अपने पुत्र को तरह-तरह से त्रास दिए, किंतु प्रह्लाद अपने निश्चय से डिगा नहीं।

अंत में हिरण्यकशिपु ने उसे अपनी बहन होलिका के सुपुर्द कर दिया। होलिका प्रह्लाद को गोद में लेकर आग में बैठ गई। होलिका तो जल गई, किंतु भक्त प्रह्लाद का कुछ भी नहीं बिगड़ा। इस प्रकार होलिका-दहन 'बुराई के ऊपर अच्छाई' की विजय है। एक अन्य कथा के अनुसार, भगवान् श्रीकृष्ण ने इस दिन गोपियों के साथ रासलीला की थी। इसी दिन नंदगाँव में सभी लोगों ने रंग और गुलाल के साथ खुशियाँ मनाई थीं। नंदगाँव और बरसाने की ब्रजभूमि पर इसी दिन बूढ़े और जवान, स्त्री और पुरुष सभी ने एक साथ मिलकर जो रास-रंग मचाया था, होली आज भी उसकी याद ताजा कर जाती है।

पहले प्रीतिभोज का आयोजन होता था; गीतों, फागों के उत्सव होते थे; मिठाइयाँ बाँटी जाती थीं। बीते वर्षों की कमियों पर विचार होता था। इसके बाद दूसरे दिन होली खेली जाती थी। छोटे-बड़े मिलकर होली खेलते थे। अतिथियों को मिठाइयाँ और तरह-तरह के पकवान खिलाकर तथा गले मिलकर विदा किया जाता था।

किंतु आज यह पर्व बहुत घिनौना रूप धारण कर चुका है। इसमें शराब और अन्य

नशीले पदार्थों का भरपूर सेवन होने लगा है। राह चलते लोगों पर कीचड़ उछाला जाता है। होली की जलती आग में घरों के किवाड़, चौकी, छप्पर आदि जलाकर राख कर दिए जाते हैं। खेत-खलिहानों के अनाज, मवेशियों का चारा तक स्वाहा कर देना अब साधारण सी बात हो गई है। रंग के बहाने दुश्मनी निकालना, शराब के नशे में मन की भड़ास निकालना आज होली में आम बात हो गई है।

यही कारण है कि आज समाज में आपसी प्रेम के बदले दुश्मनी पनप रही है। जोड़नेवाले त्योहार मनों को तोड़ने लगे हैं। होली की इन बुराइयों के कारण सभ्य और समझदार लोगों ने इससे किनारा कर लिया है। रंग और गुलाल से लोग भागने लगे हैं। □

ईद-उल-फितर

इसलाम धर्म में आदम और हव्वा को इनसान का पुरखा माना गया है। आदम पुरुष था और हव्वा स्त्री। दोनों ज़न्नत (स्वर्ग) में रहते थे। खुदा ने दोनों को दुनिया बनाते समय बता दिया था कि उन्हें क्या करना है और क्या नहीं करना है। उन्हें एक खास फल को खाने से मना किया था; पर जैसा कि मनुष्य का स्वभाव होता है, मना किए गए काम को करने के लिए मन ललचाता है। आदम-हव्वा ने भी वही किया। दोनों ने उस फल का स्वाद चख लिया। उनके इस काम से खुदा उनसे नाराज हो गया। फिर क्या था, उन्होंने दोनों को ज़न्नत से निकाल दिया। इसके बाद उन्हें दो दिशाओं में अलग-अलग करके भटकने के लिए छोड़ दिया। इस तरह वे एक-दूसरे को पाने के लिए वर्षों भटकते रहे। वे अपनी गलती पर रोते रहे। उन्होंने अपनी गलतियों के लिए खुदा से माफी माँगी।

अंत में, खुदा ने उनकी प्रार्थना सुन ली। खुदा ने दोनों को आपस में मिला दिया। उन्होंने खुदा की मेहरबानियों को खुशी-खुशी कुबूल किया। दोनों ने खुदा के अहसान के प्रति अपना आभार जताया। इस तरह दुनिया के पहले स्त्री-पुरुष का मिलन हो गया।

इसी खुशी में मुसलमान लोग हर साल खुदा की इबादत (पूजा) करते हैं। खुदा के प्रति उनकी मेहरबानियों के लिए वे लोग शुक्रिया अदा करते हैं। इसी खुशी के दिन को 'ईद' के रूप में मनाया जाता है।

ईद का पर्व रमजान के ठीक बादवाले महीने में मनाया जाता है। रमजान का महीना मुसलमानों के लिए बहुत ही अहम होता है। यह रहमोकरम से भरा हुआ महीना है। माना जाता है कि इस महीने ज़न्नत के सारे दरवाजे खोल दिए जाते हैं। जहन्नुम (नरक) के सारे दरवाजे बंद कर दिए जाते हैं। इस रूप में शैतान को कैद कर लिया जाता है।

ऐसा माना जाता है कि जो लोग महीने भर 'रोजा' रखते हैं, उनके सारे पाप नष्ट हो जाते हैं। इस पूरे महीने में मुसलमान लोग खुदा की इबादत करते हैं। वे खुदा से दुआएँ माँगते हैं। वे भलाई का काम करते हैं। जहाँ तक होता है, नेकी करते हैं और बदी से बचते हैं।

रमजान के महीने में खुदा अपने बंदों को निराश नहीं करता। कहा जाता है कि इस अवसर पर खुदा हर मुसलमान की दुआ कुबूल फरमाता है।

रमजान के पूरे महीने रोजा रखना हर मुसलमान का फर्ज होता है। इस अवसर पर मुसलमान लोग पाँच वक्त की 'नमाज' पढ़ते हैं। रोजे में दिनभर खाना-पीना बंद रहता है। रोजा रखनेवाले सूर्य निकलने के एक घंटा पहले नाश्ता लेते हैं। इसी तरह सूर्य डूबने के बाद ही खाते हैं। बाकी समय भूखे रहकर खुदा का ध्यान करना पड़ता है। मन में बुरे विचार न आएँ, किसी की बुराई न करें—इसका ध्यान रखना पड़ता है।

जैसे ही चाँद दिखता है, अगले दिन ईद मनाई जाती है। इस अवसर पर मुसलमान गरीबों और जरूरतमंदों को अपनी हैसियत के मुताबिक दान करते हैं।

ईद के दिन प्रात: ही लोग 'गुस्ल' (स्नान) करते हैं। सुंदर-सुंदर कपड़े पहनते हैं। तरह-तरह के इत्र लगाते हैं। अच्छी तरह सज-धजकर नमाज पढ़ने के लिए निकलते हैं। नमाज खत्म होते ही सब आपस में गले मिलते हैं। मुसलमान लोग इस दिन आपसी दुश्मनी भूलकर आपस में एक-दूसरे के गले लग जाते हैं।

दरअसल, ईद का त्योहार मन की पवित्रता और आत्मा की शुद्धता का है। इस अवसर पर घरों में सेवइयाँ बनाई जाती हैं। इस अवसर पर बच्चों को 'ईदी' दी जाती है। अत: बच्चों को ईद की लंबे समय से प्रतीक्षा रहती है।

□

वैशाखी

वैशाखी पंजाब प्रांत का प्रमुख पर्व है। सिक्खों का यह विशेष पर्व है। वैशाखी का पर्व प्रत्येक वर्ष १३ अप्रैल को मनाया जाता है। इस समय तक रबी की फसल पककर तैयार हो जाती है। खेतों में सरसराती बालियों को किसान देखता है तब खुशी के मारे झूमने लगता है।

लंबे समय से इस पर्व के साथ भाँगड़ा-नृत्य की परंपरा भी जुड़ी है। 'भाँगड़ा' पंजाब का लोक नृत्य है। ढोल पर थाप पड़ते ही बच्चे-बूढ़े, वृद्ध नर-नारियों के पाँव खुद-ब-खुद थिरकने लगते हैं।

वैशाखी के दिन लोग पवित्र नदियों में स्नान करते हैं। इस दिन नदियों के किनारे बड़े-बड़े मेले लगते हैं। नवयुवक वैशाखी की मस्ती में आकर तूतियाँ बजाते हैं। वे अपने सिरों पर जोकरों की टोपियाँ रखे मुसकराते चलते हैं। इस दिन मंदिरों में भी बड़ी भीड़ होती है।

पंजाब में किसान इस दिन पौ फटने से पहले ही उठकर गुरुद्वारों की ओर जाते हुए दिखाई देते हैं। इसी दिन सिक्खों के दसवें गुरु गुरु गोविंद सिंह ने हिंदू धर्म की रक्षा के लिए एक संगठन बनाया था। उन्होंने 'खालसा' नामक पंथ का गठन किया था। उन्होंने खालसा को पाँच ककारों से सुसज्जित किया था। वे ककार हैं—केश, कंघा, कड़ा, कृपाण और कच्छा।

वैशाखी के पीछे एक पौराणिक प्रसंग भी मिलता है—

पांडवों का वनवास-काल चल रहा था। वे 'कटराज ताल' (पंजाब) पहुँचे। इस स्थान पर उन्हें बड़ी जोर की प्यास लगी। युधिष्ठिर को छोड़कर चारों भाई क्रमशः जल की तलाश में एक सरोवर पर पहुँचे। यक्ष के मना करने पर भी उन्होंने जल पीने की कोशिश की। इस कारण उन चारों की मृत्यु हो गई। युधिष्ठिर को अपने भाइयों की चिंता हुई। वे उनकी तलाश में निकल पड़े। उस सरोवर के पास पहुँचकर वह पानी पीने के लिए जैसे ही झुके, यक्ष ने कहा, ''पहले मेरे प्रश्नों का उत्तर दें, तब जल का सेवन करें।''

यक्ष युधिष्ठिर से प्रश्न करता रहा। युधिष्ठिर उसके प्रश्नों का सटीक उत्तर देते रहे। उनके सारे उत्तरों से यक्ष प्रसन्न हो गया। उसने उससे चारों भाइयों में से किसी एक भाई को जीवित करने को कहा।

इस पर युधिष्ठिर ने कहा, ''आप मेरे भाई सहदेव को पुनरुज्जीवन दीजिए।''

यक्ष ने आश्चर्य से पूछा, ''आपके मन में अपने सगे भाइयों की जगह सौतेले भाई को जीवित करने का विचार कैसे आया?''

युधिष्ठिर का उत्तर था, ''माता कुंती के दो पुत्र तो जीवित रहेंगे, किंतु माता माद्री का एक भी पुत्र नहीं बच पाएगा।''

युधिष्ठिर की न्यायप्रियता को देखकर यक्ष बहुत ही प्रसन्न हुआ। उसने चारों भाइयों को जीवित कर दिया।

इस पौराणिक घटना की स्मृति में यहाँ प्रतिवर्ष वैशाखी के दिन विशाल मेले का आयोजन होता है। इस अवसर पर एक भव्य जुलूस निकलता है। जुलूस में 'गुरुग्रंथ साहब' के आगे 'पंच प्यारे' नंगे पाँव आगे-आगे चलते हैं।

□

जीवन में धर्म का महत्त्व

संसार में अनेक धर्म प्रचलन में हैं। हर देश का अपना धर्म है।

एशिया के अलग-अलग भागों में विभिन्न धर्मों का जन्म हुआ। एक बात अवश्य है कि हर धर्म ने मानव को भाईचारे और इनसानियत का पाठ पढ़ाया। सभी धर्मों का एक ही संदेश है—

- मानव से प्यार करो,
- सभी के प्रति अच्छा आचरण करो,
- सहनशील बनो,
- जीवन मात्र के प्रति उदार बनो,
- प्रत्येक प्राणी के प्रति दयाभाव रखो,
- सभी मानव दानशील बनें।

इतिहास हमें बताता है कि विश्व के सभी धर्मों में 'हिंदूधर्म' सबसे पुरान्ा है। इसके बाद इसलाम और ईसाई धर्म का स्थान है। ईसाइयों में यहूदी धर्म सबसे पुराना है। ईरान में पारसी धर्म का जन्म हुआ। चीन में कन्फ्यूशियस धर्म का जन्म हुआ।

भारत में जितने धर्म हैं उतने विश्व में कहीं नहीं। जिन लोगों ने हिंदू धर्म की जटिलताओं को स्वीकार नहीं किया, उन्होंने अपना धर्म अलग से ही बना लिया। फिर लोगों में अपने-अपने धर्म के प्रति रुचि पैदा करने की कोशिश की। इन धर्मों में जैन धर्म एवं बौद्ध धर्म प्रमुख हैं।

बौद्ध और जैन धर्म का विकास हिंदू धर्म के अंतर्गत हुआ है। ये हिंदू ही हैं, भले ही इनको माननेवालों की संख्या बहुत अधिक हो और इनका अलग धर्म दिखता हो।

पारसी धर्म ईरान में और कन्फ्यूशियस धर्म चीन में ही प्रचलित है। यहूदी धर्म इजराइल में है, जबकि इसलाम धर्म भारत, पाकिस्तान, बँगलादेश, अफगानिस्तान, ईरान तथा अरब देशों के अतिरिक्त संसार के लगभग सभी देशों में प्रचलित है। पूर्व के सभी देशों में ईसाइयों की संख्या बहुत अधिक है।

ईसाई धर्म विश्व का सबसे बड़ा धर्म है। ईसाइयों की संख्या विश्व के सभी भागों में है।

संख्या के आधार पर हम किसी धर्म को बड़ा अथवा छोटा नहीं ठहरा सकते। जो लोग सच्चे मन से अपने-अपने धर्मों का पालन करते हैं, वे किसी धर्म का विरोध नहीं करते; क्योंकि वे जानते हैं कि सभी धर्मों का उद्देश्य और सार एक ही है।

आज जो लोग अपने-अपने धर्म की आड़ लेकर एक-दूसरे के खून के प्यासे हैं, वे वास्तव में धर्म के मर्म को न तो जानते हैं और न ही जानने की कोशिश करते हैं। वे तो धर्म के नाम पर मार-काट और लूट-खसोट करना जानते हैं। ऐसे लोग वास्तव में धर्म के विरुद्ध कार्य करते हैं। ऐसे लोगों का समाज से बहिष्कार होना चाहिए।

□

हिंदू धर्म

हिंदू धर्म सबसे प्राचीन धर्म है। इसके माननेवाले लोग करोड़ों की संख्या में हैं। ये देवी-देवताओं के पूजन में विश्वास करते हैं। यदि प्राणी मरता है तो मरने के बाद उसे फिर से जन्म लेना होता है, हिंदू धर्म को माननेवाले इसमें विश्वास करते हैं। वे 'कर्म के सिद्धांत' को भी मानते हैं।

विद्वानों का कहना है कि 'सनातन' शब्द का अर्थ शाश्वत, स्थायी और प्राचीन है। इस कारण से हिंदू धर्म 'सनातन धर्म' भी कहलाता है। आर्य समाज के संस्थापक स्वामी दयानंद सरस्वती ने हिंदू धर्म को 'वैदिक धर्म' कहा है। इसके पीछे उनका तर्क यह है कि वैदिक धर्म ही सनातन धर्म है और वही असली हिंदू धर्म है। यह बात सच है कि विश्व के धर्मों के इतिहास में सबसे पुराना धर्म 'वैदिक धर्म' है। वैदिक धर्म वहीं से शुरू होता है, जहाँ से वेदों की शुरुआत होती है। पुराने समय के सभी धर्म समाप्त हो गए, लेकिन वैदिक धर्म अभी तक जीवंत है। इसका मुख्य कारण यह है कि वैदिक धर्म आध्यात्मिक तत्त्वों पर टिका है। वे आध्यात्मिक तत्त्व ऐसे हैं, जिन्हें विज्ञान भी स्वीकार करता है। हिंदू धर्म के बड़े-बड़े विद्वानों ने अपने बुद्धि-बल से अपने धर्म पर आए संकटों को समाप्त कर दिया। उन विद्वानों में व्यास, वसिष्ठ, पतंजलि, शंकराचार्य, रामानुज, कबीर, तुलसी, नानक, राजा राम मोहन राय, रामकृष्ण परमहंस, स्वामी दयानंद सरस्वती, स्वामी विवेकानंद, स्वामी रामतीर्थ, मोहनदास करमचंद गांधी, महर्षि अरविंद, डॉ. भगवानदास, डॉ. सर्वपल्ली राधाकृष्णन, चक्रवर्ती राजगोपालाचारी आदि के कार्य सराहनीय रहे। इन विद्वानों ने समय-समय पर हिंदू धर्म के पक्ष में अपनी-अपनी बातों को पूरे तर्क के साथ लोगों के सामने रखा।

हिंदू धर्म एक ऐसा वट-वृक्ष है, जिसकी जितनी शाखाएँ हैं, उतने ही देवी-देवता भी हैं। उन सभी देवी-देवताओं को माननेवाले हिंदुओं की संख्या बहुत बड़ी है। यही नहीं, हर व्यक्ति को अपने-अपने देवी-देवता की पूजा करने की पूरी स्वतंत्रता है। वैसे हिंदुओं के प्रमुख देवता हैं—ब्रह्मा, विष्णु, महेश। महेश को 'शंकर' भी कहा जाता है।

विष्णु और शंकर को माननेवाले दो वर्गों में बँटे हुए हैं। पहला वर्ग 'वैष्णव संप्रदाय' है तो दूसरा वर्ग 'शैव संप्रदाय'। इन देवी-देवताओं के रूप, लक्षण, प्रकृति, इनकी पूजा करने की पद्धति और उनसे प्राप्त फलों में भारी अंतर माना जाता है। 'वैष्णव' और 'शैवों' की पूजन-पद्धति, मूर्ति के आकार-प्रकार, विश्वास, मूल्यों आदि में बहुत अंतर है।

हिंदू धर्म में इन देवताओं के अतिरिक्त श्रीराम और श्रीकृष्ण की पूजा की जाती है। हिंदू धर्म में श्रीराम और श्रीकृष्ण को 'विष्णु' का अवतार माना जाता है।

कृष्ण की लीला को 'रासलीला' का नाम दिया गया है। कृष्ण-भक्त स्थान-स्थान पर रासलीलाओं का आयोजन किया करते हैं। कृष्ण के अनुयायी भारत में तो हैं ही, विदेशों में भी उनकी काफी संख्या है। कृष्ण के जीवन-दर्शन से पश्चिम के देशवासी बहुत ही प्रभावित हैं।

हिंदू धर्म की एक बहुत बड़ी विशेषता है कि उसमें उपासना-पद्धति के अंतर्गत प्रकृति और पुरुष यानी स्त्री और पुरुष की समान रूप से भागीदारी है। हिंदू धर्म में देवियों का स्थान देवताओं से पहले है। उदाहरण के लिए—सीता-राम, राधा-कृष्ण, उमा-शंकर इत्यादि।

□

जैन धर्म

'अहिंसा परमो धर्म:', यह जैनियों का मूल मंत्र है। जीव-हत्या इनके लिए महापाप है। कहा जाता है कि जब भारत में चारों ओर अँधेरा छाया हुआ था, लोग अशांत जीवन जी रहे थे, उसी समय उत्तर भारत में दो बालकों ने जन्म लिया था। वे दोनों बालक राजकुमार थे। अरब में जो कार्य पैगंबर मुहम्मद साहब ने किया तथा जर्मनी में जो कार्य मार्टिन लूथर किंग ने किया था, भारत में वही काम इन दोनों बालकों ने बड़े होकर किया। इन दोनों बालकों का नाम क्रमश: महावीर स्वामी और गौतम बुद्ध था।

महावीर स्वामी को जैन धर्म का चौबीसवाँ तीर्थंकर कहा जाता है। जैनों में जितने भी उनके प्रमुख धार्मिक नेता हुए हैं, उन्हें संख्या के साथ 'तीर्थंकर' कहा जाता है। यों तो भगवान् महावीर को जैन धर्म का प्रवर्तक माना जाता है, लेकिन सही मायने में प्रथम तीर्थंकर ऋषभदेव (ऋषभनाथ) को इस धर्म की स्थापना का श्रेय दिया जाता है। जैन-परंपरा के अनुसार, महावीर जैन धर्म के चौबीसवें तीर्थंकर थे।

जैन धर्म के अनुयायी चौबीस तीर्थंकरों में विश्वास करते हैं। महात्मा पार्श्वनाथ तेईसवें और महावीर स्वामी चौबीसवें तीर्थंकर थे। पार्श्वनाथ ईसा से लगभग सातवीं शताब्दी-पूर्व पैदा हुए थे। जैन धर्म को आगे बढ़ाने में महात्मा पार्श्वनाथ का महत्त्वपूर्ण योगदान था। महात्मा पार्श्वनाथ ने हर तरह से जैन धर्म को लोकप्रिय बनाने के लिए कार्य किया। उसके बाद महावीर स्वामी आए। उन्होंने हर तरह से सुधार करके जैन धर्म में नई जान डाल दी। उन्होंने अपने उपदेशों से जनता पर बहुत अधिक प्रभाव डाला। उनके उपदेशों से प्रभावित होकर अधिकांश लोगों ने जैन धर्म को स्वीकार कर लिया।

जैन धर्म ढकोसलों से बहुत दूर है। यह धर्म बहुत ही उदार है और हिंसा करनेवालों की निंदा करता है। इस धर्म का मूल स्वर है—हिंसा से दूर रहो। इसके अतिरिक्त जैन धर्म का कहना है—

- चोरी नहीं करनी चाहिए।
- किसी से चाह नहीं रखनी चाहिए।

- झूठ नहीं बोलना चाहिए।
- मन से, वचन से और कर्म से शुद्ध रहना चाहिए।
- इंद्रियों को वश में रखना चाहिए।

जैनी लोग अपने जीवन को बहुत सीधे और सरल तरीके से जीते हैं। ये लोग धर्म को अपने जीवन में बहुत ही महत्त्व देते हैं। जीवन का लक्ष्य मोक्ष को मानते हैं। मोक्ष का अर्थ संसार में जीवात्मा के आवागमन से मुक्त हो जाना है। मोक्ष की प्राप्ति तब होती है जब मनुष्य कर्म के बंधन से मुक्ति पा लेता है। यही कारण है कि जैनी लोग मोक्ष पाने के लिए तीन तरह के रास्ते अपनाते हैं, जो निम्नलिखित हैं—

१. सम्यक् दर्शन,
२. सम्यक् ज्ञान और
३. सम्यक् चरित्र।

□

बौद्ध धर्म

महात्मा बुद्ध बौद्ध धर्म के प्रवर्तक हैं। उनका जन्म लुंबिनी नामक स्थान पर राजा शुद्धोदन के यहाँ हुआ था। उनके जन्म के समय ज्योतिषियों ने बताया था कि यह बालक या तो चक्रवर्ती सम्राट् बनेगा या अपने अलौकिक ज्ञान से समस्त संसार को प्रकाशित करनेवाला संन्यासी। अत: इसी डर से राजा ने बालक के लिए रास-रंग के अनेक साधन जुटाए। किंतु राजसी ठाट-बाट उन्हें जरा भी पसंद न था। एक बार वे सैर के लिए रथ पर सवार होकर महल से बाहर निकले। उन्होंने बुढ़ापे की अवस्था में एक जर्जर काया को देखा, रोगी को देखा, फिर एक मृत व्यक्ति की अरथी को ले जाते हुए देखा। इनसे उनके जीवन पर एक अमिट प्रभाव पड़ा। गौतम को वैराग्य की ओर जाने से रोकने के लिए राजा शुद्धोधन ने यशोधरा नाम की रूपवती कन्या (राजकुमारी) से उनका विवाह करा दिया। उनके राहुल नाम का एक पुत्र भी उत्पन्न हुआ।

महात्मा बुद्ध दु:ख और कष्टों से छुटकारा पाने के उपाय के बारे में सोचने लगे। एक रात वे पत्नी और पुत्र को सोता छोड़कर ज्ञान की खोज में निकल गए। कई स्थान पर ध्यान लगाया। शरीर को कष्ट दिए, लंबे-लंबे उपवास रखे, लेकिन तप में मन न रमा। अंत में बोधगया में एक दिन पीपल के एक वृक्ष (बोधिवृक्ष) के नीचे ध्यान लगाकर बैठे। कठोर साधना के बाद उन्हें ज्ञान प्राप्त हो गया। इसी कारण उनका नाम 'बुद्ध' हो गया। बुद्ध का अर्थ होता है—'जागा हुआ', 'सचेत', 'ज्ञानी' इत्यादि। अब उन्होंने लोगों को कुछ शिक्षाएँ दी थीं। उन शिक्षाओं को 'चार आर्य सत्य' का नाम दिया गया है, जो इस प्रकार हैं—

१. सर्वं दु:खम्,

२. दु:ख समुदाय,

३. दु:ख विरोध,

४. दु:ख विरोध-मार्ग।

वास्तव में गौतम बुद्ध ने अपने उपदेशों में अहिंसा, शांति, दया, क्षमा आदि गुणों

पर विशेष रूप से बल दिया! है। भगवान् बुद्ध के उपदेशों को जिस ग्रंथ में संकलित किया गया है, उसे 'धम्मपद' कहा गया है।

बौद्ध मंदिरों में बुद्ध की प्रतिमा रहती है। वाराणसी के पास 'सारनाथ नामक' स्थान बौद्ध-मंदिर के लिए विख्यात है। बुद्ध के अनुयायियों (बुद्ध के रास्ते पर चलनेवाले) को 'बौद्ध भिक्षु' कहा जाता है। वे मठों में रहते हैं। उस काल में अनेक मठ-विहार स्थापित हुए। अनेक राजाओं ने बौद्ध धर्म अपनाया। सम्राट् अशोक ने बौद्ध धर्म अपनाया और फिर उसका तेजी से प्रसार हुआ। अशोक ने अपने पुत्र महेंद्र तथा पुत्री संघमित्रा को बौद्ध धर्म के प्रसार के लिए लंका भेजा। बौद्धों का प्रिय कीर्तन वाक्य हैं—बुद्धं शरणं गच्छामि, धम्मं शरणं गच्छामि।

□

पारसी धर्म

पारसी धर्म का जन्म फारस में हुआ। वही फारस, जिसे आज हम ईरान के नाम से जानते हैं। पारसी धर्म की शुरुआत जोरोस्टर नामक पैगंबर ने की थी। ईसा-पूर्व सातवीं शताब्दी में जोरोस्टर का जन्म अजरबैजान में हुआ था। जोरोस्टर के पिता का नाम था— पोरूशरप। उसके पिता 'स्पितमा' वंश के थे। उनकी माता का नाम द्रुधधोवा था। वे भी एक श्रेष्ठ वंश की थीं।

कहा जाता है कि उनकी माँ ने उन्हें मात्र पंद्रह वर्ष की अवस्था में जन्म दिया था। एक दैवी प्रकाश ने द्रुधधोवा के गर्भ में प्रवेश किया था, जिससे जोरोस्टर का जन्म हुआ था।

जोरोस्टर एक चमत्कारी बालक था। जोरोस्टर को कृष्ण की ही भाँति तरह-तरह की लीलाएँ करने में आनंद आता था। उनकी अनेक चमत्कारपूर्ण कथाएँ चर्चित हैं।

कहा जाता है कि सात वर्ष की अवस्था में ही उन्होंने अध्ययन-कार्य शुरू कर दिया था। उन्होंने पंद्रह वर्ष की अवस्था तक धर्म और विज्ञान का ज्ञान प्राप्त कर लिया था। उसके बाद वे अपने घर लौट आए, फिर उन्होंने अपने अगले पंद्रह वर्षों को चिंतन और मनन करने में व्यतीत किया। उन्होंने लंबे समय तक साधना की, तब जाकर उन्हें ज्ञान का प्रकाश मिला। जिस तारीख को जोरोस्टर को ज्ञान का प्रकाश मिला, वह ५ मई, ६३० ईसा-पूर्व की थी। इस तारीख को पारसी धर्म में 'पहला वर्ष' माना गया।

पारसी ज्ञान के देवता को 'प्रकाश का देवता' भी कहते हैं। इस तरह वे प्रकाश के देवता को 'अहुरा-मजदा' कहते हैं। 'अहुरा-मजदा' पारसियों के सबसे बड़े देवता माने जाते हैं। पारसी लोग विश्व की रचना करनेवाले और रक्षा करनेवाले 'अहुरा-मजदा' की पूजा-आराधना करते हैं। इस प्रकार अहुरा-मजदा की पूजा करने के लिए 'पारसी धर्म' की नींव पड़ी।

पारसी लोग जहाँ अपना धार्मिक कार्य करते हैं, उसे 'फायर टेंपिल' कहते हैं। वहाँ पूजा-पाठ करनेवाले लोग भी अपने ढंग से पूजा-पाठ करते हैं। उसमें से कुछ लोग

महीने में चार बार और कुछ लोग प्रतिदिन पूजा-पाठ करते हैं। पारसी लोग अपने मृतक को न तो जलाते हैं और न ही दफनाते हैं। विचित्र बात तो यह है कि ये मृतक शरीर को ज्यों-का-त्यों छोड़ देते हैं। उन्हें गिद्ध-कौए आदि खा जाते हैं। पारसी लोग मृतकों को जहाँ छोड़ते हैं, उस स्थान को 'मौन का मीनार' कहते हैं। इस तरह उस छत पर ये मृतक को छोड़ जाते हैं।

सात और आठ वर्ष के पारसी बालकों का हिंदुओं की तरह यज्ञोपवीत संस्कार होता है। विवाह के समय जब दूल्हा-दुल्हन यज्ञ-मंडप में बैठते हैं, तब दोनों ओर के गवाही देनेवाले भी वहाँ उपस्थित होते हैं। उनकी संख्या २ होती है और २ से अधिक भी। विवाह के समय जिस तरह हिंदुओं में नारियल, अक्षत आदि वर-वधू पर फेंके जाते हैं, उसी प्रकार पारसी धर्म में भी यह संस्कार होता है।

पारसी धर्म में कुछ बातें ईसाई धर्म तथा कुछ हिंदू धर्म से मिलती-जुलती हैं।

हिंदुओं की तरह पारसी भी स्वर्ग-नरक में विश्वास करते हैं। पारसियों का मानना है कि मरने के बाद आत्मा परलोक में पहुँचती है। वहाँ उनके कर्मों का लेखा-जोखा देखा जाता है। उसके बाद निर्णय सुनाया जाता है कि वह पुण्य का भागी है अथवा पाप का। हिंदुओं में भी ऐसी ही मान्यता है।

□

ईसाई धर्म

ईसाई धर्म के प्रवर्तक ईसा-मसीह हैं। ईसाई लोग उन्हें 'प्रभु यीशु' के नाम से जानते हैं। 'बाइबिल' के अनुसार यीशु का अर्थ 'उद्धारकर्ता' है। ईसा मसीह का जन्म बैथलहम में हुआ था। वहाँ यूसुफ नामक बढ़ई के यहाँ उनकी मंगेतर मरियम के गर्भ से उनका जन्म हुआ था। तब उनका नाम 'इम्मानुएल' रखा गया था। इम्मानुएल का अर्थ है—'ईश्वर हमारे साथ है'।

उन दिनों वहाँ एक राजा का शासन था। उसका नाम हेरादेस था। वह दुष्ट प्रवृत्ति का था। वह ईसा मसीह से बहुत चिढ़ता था। उसने ईसा-मसीह को जान से मारने की एक योजना बनाई। जब योजना की भनक यूसुफ को लगी तब वे अपने पुत्र ईसा तथा मंगेतर मरियम को लेकर चले गए। यूसुफ ने मरियम से शादी कर ली।

यीशु के अनुयायी उन्हें 'चमत्कारी बालक' समझते थे। यीशु जब बारह वर्ष के थे, तब वे यरूशलम गए। वहाँ उन्होंने कानून की शिक्षा ग्रहण की। उन्होंने मसीही अवतार से संबंधित अनेक ग्रंथों का अध्ययन तथा मनन-चिंतन किया। इस तरह यीशु ने परमेश्वर से संबंधित अनेक बातों का ज्ञान अर्जित किया।

उस उपदेश का ईसाइयों के लिए बहुत ही महत्त्व है। उस उपदेश को 'पहाड़ी का उपदेश' नाम दिया गया। 'पहाड़ी का उपदेश' के अंतर्गत 'ईसाई धर्म का सार' है। यीशु के इस उपदेश को सुनने के लिए कैपरनम की पहाड़ी के निकट बहुत बड़ी संख्या में एकत्र हुए थे।

उनके उपदेश से यरूशलम के धार्मिक नेता चिढ़ गए। वे यह कैसे बरदाश्त कर सकते थे कि यीशु उनके सिद्धांतों को गलत ठहरा दें। फिर यीशु की बातों में इतना अधिक प्रभाव था कि अन्य धार्मिक नेताओं का उपदेश सुनने के लिए कोई जाता ही नहीं था। इस तरह यीशु का प्रभाव दिन-प्रतिदिन बढ़ता गया तथा वे जन-जन के चहेते बन गए। सभी लोग उन्हें 'परमेश्वर का दूत' मानने लगे। दूसरी ओर उनके बढ़ते प्रभाव से जलनेवाले धार्मिक लोग उनके दुश्मन हो गए। धर्म के ठेकेदार यीशु को शीघ्रातिशीघ्र अपने रास्ते से

हटा देना चाहते। इसके लिए उन्होंने एक चाल चली। उन्होंने यीशु के एक शिष्य को अपनी ओर मिला लिया। इस तरह यीशु के उस शिष्य ने यीशु के साथ विश्वासघात किया। यीशु पर मुकदमा चला। उन्हें क्रूस पर चढ़ाकर मृत्युदंड दिया गया। न्याय, प्रेम, अहिंसा और कर्तव्य-पालन के लिए यीशु आज भी जाने जाते हैं।

ईसाई लोगों का प्रभु यीशु पर पूरा विश्वास है। वे लोग उन्हें 'परमेश्वर का सच्चा दूत' मानते हैं। यही कारण है कि लोग ईसा के मसीहा होने में पूरा विश्वास करते हैं। ईसाई धर्म को स्वीकार करने के लिए लोगों को 'बपतिस्मा' लेना पड़ता है। यह एक प्रकार का धार्मिक अनुष्ठान होता है। इसमें पवित्र जल से स्नान करना होता है।

ईसाई लोगों की सबसे बड़ी बात यह थी कि वे बिना किसी स्वार्थ के गरीब-असहाय लोगों की सेवा करने लगे। इससे लोगों ने उनकी उदारता को समझा। धीरे-धीरे वे लोग उनके साथ शामिल हो गए। ईसाइयों की संख्या तेजी से बढ़ गई। एशिया माइनर, सीरिया, मेसीडोनिया, यूनान, रोम, मिस्र आदि देशों में ईसाई लोग फैल चुके हैं।

ईसाई लोग प्रति रविवार गिरजाघर जाते हैं। वहाँ वे सामूहिक प्रार्थना में भाग लेते हैं। पवित्र धर्म-शास्त्र बाइबिल का पाठ करते हैं। ईसाई बुधवार और शुक्रवार को व्रत रखते हैं।

□

इसलाम धर्म

इसलाम धर्म का जन्मदाता हजरत मुहम्मद को माना गया है। हजरत मुहम्मद साहब का जन्म मक्का में सन् ५७० में हुआ था। इनके पिता एक साधारण व्यापारी थे। बचपन से ही मुहम्मद साहब एक विचारशील व्यक्ति थे। जब वे बहुत छोटी अवस्था के थे, तभी उन्हें मूर्च्छा आ जाया करती थी। कहते हैं, उस समय वे अल्लाह को याद किया करते थे।

बाद में, उनकी धार्मिक रुचि देखकर मुसलमानों ने उन्हें अपना धार्मिक नेता मान लिया। समय-समय पर मुहम्मद साहब ने अनेक स्थानों पर धार्मिक उपदेश दिए। बाद में मुहम्मद साहब के उपदेशों को लिखा गया और उसे 'कुरान शरीफ' का नाम दिया गया। मुहम्मद साहब द्वारा प्रतिपादित धर्म को 'इसलाम धर्म' कहा गया। इसलाम का अर्थ होता है 'शांति का मार्ग'।

मक्का मुसलमानों का पवित्र स्थान है। उनके सिद्धांत के विरोधी लोगों ने इसलाम धर्म के सिद्धांतों के खिलाफ दुष्प्रचार किया। इससे स्थिति बहुत नाजुक हो गई। इस तरह मुहम्मद साहब के जीवन के लिए भी खतरा पैदा हो चुका था। मामले की गंभीरता को भाँपकर मुहम्मद साहब को उनके शिष्यों ने मदीना पहुँचाया। इस तरह से मुहम्मद साहब मक्का छोड़कर मदीना में रहने लगे। वे सन् ६२२ में मदीना गए। सन् ६२२ से ही हिजरी सन् शुरू होता है।

मदीना में रहकर मुहम्मद साहब ने अपने धर्म का प्रचार-प्रसार किया। इस तरह इसलाम धर्म का प्रचार-प्रसार समूचे अरब देशों में हो गया। मुहम्मद साहब के मक्का से जाने भर की देरी थी, धीरे-धीरे मक्का निवासियों ने मुहम्मद साहब के बताए मार्ग पर चलना शुरू कर दिया। सारे मक्का निवासियों ने एक स्वर में 'इसलाम धर्म' को स्वीकार कर लिया।

मुहम्मद साहब ने समझ लिया कि मदीना में इसलाम धर्म की नींव बहुत गहरी हो चुकी है। तब उन्होंने आगे बढ़ने का फैसला लिया। वे 'हज्जाज' गए। उसके बाद वे

'नजत' नामक स्थान पर भी गए।

मुहम्मद साहब की मृत्यु के सौ वर्षों के बाद इसलाम-धर्म का पूरे विश्व में प्रभावकारी प्रसार हुआ। इसलाम धर्म का पवित्र ग्रंथ 'कुरान शरीफ' माना गया है। 'कुरान शरीफ' के अनुसार, इस सृष्टि की रचना करनेवाले 'अल्लाह' हैं। इस लोक में जितने भी प्राणी हैं, वे सभी अल्लाह के बंदे हैं।

इसलाम धर्म अल्लाह के अलावा और किसी देवी-देवता को नहीं मानता। यही कारण है कि मुसलमान लोग इस बात की कसम खाते हैं कि वे कयामत तक अल्लाह के न्याय में विश्वास रखेंगे।

जहाँ तक भारत में इसलाम धर्म के प्रचार-प्रसार की बात है, इसकी अवधि सन् ७१२ की मानी जाती है। सल्तनत-काल में भारत में इस धर्म के प्रचार-प्रसार में तेजी आई। इसके बाद जब मुगलों ने भारत पर शासन किया तब इस धर्म के अनुयायियों की संख्या में और अधिक वृद्धि हुई। इसलाम को न माननेवालों को काफिर बताया गया है। अल्लाह की इबादत में पाँचों वक्त की नमाज अदा की जानी चाहिए।

□

सिक्ख धर्म

सिक्ख धर्म कोई धर्म न होकर एक पंथ है, जिसके प्रवर्तक गुरु नानक देव हैं। यह हिंदू धर्म का अभिन्न अंग है। कुछ लोग इसे अलग धर्म मानने की भूल करते हैं। गुरु नानक देव का जन्म सन् १४६९ में लाहौर प्रांत में रावी नदी के किनारे तलवंडी नामक गाँव में हुआ था। उनके पिता का नाम मेहता कालूचंद था। वे मुंशी के पद पर कार्यरत थे।

नानक जब कुछ बड़े हुए तब मौलवी कुतुबुद्दीन ने उन्हें फारसी का ज्ञान कराया। मौलवी साहब सूफी संत थे। नानक ने फारसी के अलावा संस्कृत और हिंदी का भी ज्ञान प्राप्त किया।

अपने इस अध्ययन के साथ-साथ उन्होंने धर्म के विषय में भी अपना ज्ञान बढ़ाना शुरू कर दिया। जब उनके पिता को इस बात का पता चला तब उन्होंने अपने पुत्र को घर-परिवार की स्थिति के बारे में समझाया। उन्होंने नानक को खाने-कमाने के लिए कोई काम शुरू करने के लिए कहा। इसका नानक पर कोई असर नहीं हुआ। इस स्थिति को समझते हुए पिता ने उनका विवाह कर दिया। विवाह के बाद भी उनमें कोई परिवर्तन नहीं दिखाई दिया। उनके पिता ने उन्हें एक नौकरी दिलवा दी, किंतु वे अपनी नौकरी के प्रति जरा भी जागरूक नहीं थे। वे नौकरी पर जाने की बजाय पास ही के एक जंगल में जाते थे। वहाँ वे रामानंद और कबीर की रचनाओं को पढ़ा करते थे। इस प्रकार इन संतों की कही हुई बातों ने नानक की जीवन-धारा ही बदल दी।

नानक जाति-पाँति तथा मूर्ति-पूजा के घोर विरोधी थे। नानक ने अपने धर्म में गुरु के महत्त्व को सर्वोच्च स्थान दिया है। उनका तर्क है कि एक ईश्वर की उपासना के लिए गुरु का होना अनिवार्य है। यही कारण है कि सिक्ख धर्म में गुरु परंपरा आज भी बनी हुई है।

अपनी बातों को दूर-दूर तक फैलाने के लिए नानक ने दूर-दूर तक यात्राएँ कीं। उनका प्रिय शिष्य 'मर्दाना' उनके साथ रहता था। मर्दाना बहुत अच्छा भजन-गायक था। नानक अपने उपदेश से लोगों का मन मोह लेते थे। उन्होंने जगह-जगह अपने विचार रखे।

गुरु नानक देव के विचारों से लोग बहुत प्रभावित हुए। उनकी यात्राओं में चार यात्राओं का बहुत ही महत्त्व है। वे बड़ी यात्राएँ मानी गई हैं। उन्हें 'उदासियाँ' कहा जाता है।

सन् १५३८ में गुरु नानक देव की मृत्यु हो गई थी। नानक देव के बाद उनके शिष्य अंगद गुरु बने। सिक्खों के पाँचवें गुरु अर्जुन देव ने नानक के उपदेशों तथा रामानंद और कबीर की रचनाओं को 'ग्रंथ साहब' नामक ग्रंथ में संकलित कराया। दसवें गुरु गोविंद सिंह ने इस ग्रंथ को 'गुरु' का सम्मान दिया। तब से यह ग्रंथ 'गुरु ग्रंथ साहब' कहलाता है। नौवें गुरु तेग बहादुर का मुगलों द्वारा शीश काटने के बाद गुरु गोविंद सिंह ने अपने शिष्यों से कच्छा, कड़ा, कंघी, कृपाण और केश—ये पाँच ककार ('क' से शुरू होनेवाले शब्द) धारण करने के लिए कहा। यही नहीं, उन्होंने सिक्खों को युद्ध के लिए तैयार किया। तभी से सिक्खों का एक संप्रदाय तैयार हो गया, जिसे 'खालसा' नाम से जाना जाता है।

गुरु नानक देव का कहना था कि सभी धर्मों का सार एक ही है। उनके अनुसार—

"अव्वल अल्लह नूर नुमाया कुदरत दे सब बंदे।
एक नूर से सब जग उपज्या कौन भले कौन मंदे॥"

जिस प्रकार कबीर ने बाहरी दिखावे की भर्त्सना की है उसी प्रकार गुरु नानक देव ने समाज में फैले आडंबरों एवं द्वेषभाव की आलोचना की। गुरु नानक का कहना था—जो व्यक्ति ईश्वर की इच्छा के सामने अपने को समर्पित कर देता है, उसे उसका लक्ष्य प्राप्त हो जाता है।

□

विश्व का सबसे बड़ा खेल आयोजन : ओलंपिक

खेल अनेक प्रकार के हैं, जिनका अजीब-अजीब नाम भी होता है। कहीं-न-कहीं खेलों का आयोजन चलता ही रहता है। लेकिन एक खेल आयोजन ऐसा है, जिसे संसार भर का सबसे बड़ा खेल आयोजन माना जाता है। उसका नाम है 'ओलंपिक'।

ओलंपिक खेल के अंतर्गत बहुत सारे खेल आते हैं। इसमें दुनिया भर के चुने हुए खिलाड़ी ही भाग लेते हैं। इन खेलों में अनेक प्रतियोगिताएँ होती हैं। जो देश कई खेलों में सबसे अधिक बार प्रथम स्थान प्राप्त करता है, उसे 'ओलंपिक विजेता' कहा जाता है।

ईसा-पूर्व में एक प्रतियोगिता आयोजित हुई थी। यह प्रतियोगिता यूनान के एलिस प्रदेश के एक छोटे से नगर ओलंपिया में संपन्न हुई थी। उस प्रतियोगिता का नाम था 'दौड़-प्रतियोगिता'। इस में एलिस प्रदेश का एक व्यक्ति प्रथम स्थान पर आया था। उसका नाम 'कोरोबस' था। कोरोबस को जैतून की पत्तियों से बना ताज पहनाया गया था। इसी आयोजन को 'पहला ओलंपिक' माना जाता है।

ओलंपिक खेलों की शुरुआत के बारे में प्रचलित एक कहानी है—

एलिस प्रदेश का राजा सिरनोमस बहुत ही निर्दयी था। उसकी एक बहुत सुंदर बेटी थी। उसका नाम हिप्पोडेमिया था। सिरनोमस अपनी बेटी की शादी करना चाहता था। शादी के लिए उसकी शर्त थी, जो बहुत ही अजीब थी। शर्त के अनुसार, हिप्पोडेमिया की शादी उस व्यक्ति से ही होगी, जो उसकी बेटी का अपहरण कर, उसे अपने रथ में बैठाकर भगा ले जाएगा। अपहरण होते ही रथ का पीछा राजा रथ से करेगा। यदि अपहरणकर्ता पकड़ा गया तो राजा उसे मार डालेगा।

शर्त तो बड़ी ही खतरनाक थी। कई युवक उसकी बेटी के साथ शादी करने के लिए आगे आए। लेकिन सबके सब युवक शर्त हार गए, जिससे वे मार डाले गए। अंत में एक युवक सामने आया। उसका नाम था पेपोल्स। वह बड़ा ही चालाक निकला। शर्त पूरी करने से पहले उसने राजा के सारथि से दोस्ती कर ली। पेपोल्स ने सारथि को धन का लालच दिया। पेपोल्स ने सारथि को इस बात के लिए तैयार कर लिया कि वह राजा के

पीछा करने से पूर्व रथ के दोनों पहिए ढीले कर देगा। शर्त के अनुसार, पेपोल्स ने राजकुमारी हिप्पोडेमिया का अपहरण कर तेजी से रथ दौड़ाया। राजा ने उसका पीछा किया। रथ के पहिए ढीले होने के कारण राजा का रथ डगमगाने लगा। इसी बीच सारथि रथ से नीचे कूद पड़ा। अचानक रथ के दोनों पहिए निकल गए और पहिए के नीचे दबकर राजा की मृत्यु हो गई।

उधर, पेपोल्स ने हिप्पोडेमिया के साथ खुशी-खुशी विवाह किया। कहते हैं कि उस दुष्ट राजा पर विजय प्राप्त करने की खुशी में ओलंपिक खेलों का आयोजन किया गया। तब से ओलंपिक खेल की शुरुआत हो गई।

प्रत्येक चार वर्षों पर ओलंपिक का आयोजन होता है। अब तक अट्ठाईस ओलंपिक खेलों का आयोजन हो चुका है।

ओलंपिक खेलों का उद्घाटन सम्राट्, राष्ट्रपति या अन्य राज्याध्यक्ष द्वारा किया जाता है। अंतरराष्ट्रीय ओलंपिक समिति के अध्यक्ष, आयोजन समिति के अध्यक्ष और दोनों समितियों के सदस्य उनका स्वागत करते हैं। फिर उन्हें 'ट्रिब्यून ऑफ ऑनर' सम्मान-मंच पर ले जाया जाता है। इसके साथ ही उपस्थित सामूहिक वाद्यवृंद और संगीत-दल मेजबान देश का राष्ट्रीय गीत प्रस्तुत करते हैं। तत्पश्चात् अंतरराष्ट्रीय ओलंपिक समिति के अध्यक्ष, सम्राट्, राष्ट्रपति अथवा राज्याध्यक्ष को सन् १८९६ में बैरॉन पिअरे डी कॉबर्टिन द्वारा आरंभ किए गए आधुनिक युग के खेलों का उद्घाटन करने के लिए आमंत्रित करते हैं।

ओलंपिक ध्वज पर आपस में पिरोए हुए पाँच छल्ले मूल रूप में पाँचों महाद्वीपों की मित्रतापूर्ण एकता का प्रतिनिधित्व करते थे। अब ये अंतरराष्ट्रीय मित्रता के प्रतीक हैं। इन छल्लों के नीले, पीले, काले, हरे और लाल रंग उन रंगों के सूचक हैं, जो विभिन्न दलों के ध्वजों में होते हैं। सफेद पृष्ठभूमि 'शांति' की प्रतीक है। 'सीटियस', 'आल्टयस', 'फोर्टियस'—ये शब्द इन गोलों के नीचे अंकित हैं। इस प्रकार से ये ओलंपिक-आदर्शों को दरशाते हैं। ये लैटिन भाषा के शब्द हैं, जिनका क्रमशः अर्थ है— 'अधिक तेज', 'अधिक ऊँचा', 'अधिक दृढ़'। ये शब्द खिलाड़ियों को तेज दौड़ने, ऊँचा कूदने और दृढ़ता के साथ पहले दूर फेंकने तथा पहले से अच्छा—और अच्छा कर दिखाने की प्रेरणा देते हैं।

□

मेरा प्रिय खेल : क्रिकेट

वर्तमान समय में क्रिकेट सबसे ज्यादा लोकप्रिय खेल है। इसके चाहनेवालों की संख्या असीमित है। जब क्रिकेट की शुरुआत हुई थी तब लोगों में बहुत ज्यादा दिलचस्पी नहीं थी। तब यह खेल 'शाही खेल' माना जाता था। काफी समय तक क्रिकेट राजा-महाराजाओं और धनी लोगों का खेल बना रहा। 'पोलो' की तरह क्रिकेट केवल बड़े लोग ही खेला करते थे।

क्रिकेट को जन्म देनेवाला देश ग्रेट ब्रिटेन है। इंग्लैंडवासी जब भारत में आए तब अपने साथ क्रिकेट का खेल भी लेकर आए थे। क्रिकेट के खेल का आरंभ लगभग छह सौ वर्ष पूर्व हुआ था। सबसे पहला क्रिकेट मैच १८ जून, १७४४ को केंट और लंदन के बीच खेला गया।

'कलकत्ता क्रिकेट क्लब' भारत की पहली क्रिकेट संस्था है। संसार की सबसे पुरानी संस्था का नाम है—एम.सी.सी.। कलकत्ता के बाद बंबई में क्रिकेट की शुरुआत सन् १७९७ में हुई। मद्रास में यह खेल सन् १८४६ में शुरू हुआ था।

सन् १८७८ में एक प्रोफेसर ने प्रथम भारतीय क्रिकेट क्लब की स्थापना 'प्रेसीडेंसी कॉलेज क्रिकेट क्लब' के नाम से की थी

यह खेल सर्वत्र लोकप्रिय है। ग्यारह खिलाड़ियों के बीच क्रिकेट खेला जाता है। दोनों टीमों का एक-एक कप्तान होता है। शेष खिलाड़ी कप्तान के नेतृत्व में खेल खेलते हैं। इस खेल की क्रीड़ा-पट्टिका (पिच) २२ गज यानी २०.०१ मीटर लंबी होती है। खेल का निर्णय करने के लिए दो निर्णायक (अंपायर) होते हैं। उनका निर्णय अंतिम एवं सर्वमान्य होता है। एक अंपायर जहाँ से गेंदबाजी होती है, वहाँ होता है, यानी विकेट के दूसरे छोर पर। दूसरा अंपायर वहाँ खड़ा होता है, जहाँ बल्लेबाजी होती है, 'स्क्वायर लेग' के पास। इस अंपायर को 'स्क्वायर लेग अंपायर' भी कहते हैं। प्रत्येक ओवर के बाद अंपायर एक-दूसरे का स्थान ग्रहण करते हैं।

रन-संख्या की देखभाल करने के लिए दोनों दलों के एक-एक 'स्कोरर' होते हैं।

गेंद का वजन साढ़े पाँच औंस होता है। बल्ला चौड़ाई में ४.२५ इंच के लगभग होता है और लंबाई में ३८ इंच। दोनों छोरों पर तीन-तीन 'स्टंप' (विकेट) होते हैं। प्रत्येक स्टंप चौड़ाई में ९ इंच का होता है।

यह इंग्लैंड का राष्ट्रीय खेल है। अब तो इसे भारत, पाकिस्तान, वेस्टइंडीज, इंग्लैंड, ऑस्ट्रेलिया, न्यूजीलैंड, श्रीलंका, दक्षिण अफ्रीका, जिंबाब्वे आदि देशों ने भी अपना लिया है। यह खेल अंतरराष्ट्रीय स्तर पर बहुत लोकप्रिय है।

टेस्ट मैच और एकदिवसीय अंतरराष्ट्रीय मैच तो होते ही हैं, विभिन्न ट्रॉफियों के लिए भी इस खेल का आयोजन वर्ष भर होता रहता है। अपने देश में रणजी ट्रॉफी, दिलीप ट्रॉफी, शीश महल ट्रॉफी, रानी झाँसी ट्रॉफी, बिजी ट्रॉफी, ईरानी ट्रॉफी और अब्दुल्लाह गोल्ड कप के नाम पर क्रिकेट की प्रतियोगिताएँ आयोजित होती रहती हैं। विदेशों में रोहिंटन बरिया ट्रॉफी (अंतर विश्वविद्यालय) और एरोज (इंग्लैंड व ऑस्ट्रेलिया) प्रतियोगिताएँ होती हैं।

□

मेरा प्रिय खेल : टेनिस

टेनिस का खेल खुले मैदान में होता है। इसे 'लॉन टेनिस' भी कहते हैं। 'लॉन' अंग्रेजी का शब्द है। इसका अर्थ होता है—मैदान, यानी मैदान में खेले जानेवाले टेनिस का नाम 'लॉन टेनिस' है। 'टेनिस' का एक और प्रकार होता है। इसका नाम है—'टेबिल टेनिस'। यह एक बंद कमरे में या फिर हॉलनुमा कमरे में एक टेबिल के सहारे खेला जाता है।

बहुत पहले की बात है। उन दिनों यूनान और रोम में एक गेंद से खेल खेला जाता था। परंतु उस समय उस खेल का कोई नाम नहीं था। लोग मनोरंजन के लिए उस खेल को खेला करते थे। वही खेल सन् १०५० में यूरोप में भी खेला जाने लगा। तब उस खेल का नाम 'ल्यू-डे-पौमा' रखा गया। 'ल्यू-डे-पौमा' फ्रेंच का एक शब्द है। उसी खेल को सन् १३०० में 'लाबोदे' का नाम दिया गया था। सन् १४०० से यह खेल संसार के कई देशों में खेला जाने लगा।

बाद में उस खेल का नाम 'टेनिस' पड़ गया, जिसे लोग अब अच्छी तरह से जानते-समझते हैं। 'टेनिस' शब्द की उत्पत्ति फ्रेंच भाषा के 'टेनेज' शब्द से हुई है। सन् १४०० में ही इसे 'टेनिस' नाम दिया गया।

टेनिस एक महँगा खेल है। यह खेल 'फलालेन' के खोल में लिपटी रब की गेंद से खेला जाता है। इस गेंद को रेशम या नायलॉन की रस्सियों से बने रैकेट द्वारा तीन फीट ऊँची जाली के आर-पार फेंका जाता है। इस खेल को खेलने के लिए जाली के दोनों ओर एक-एक खिलाड़ी होते हैं। इस खेल को स्त्री-पुरुष दोनों ही खेलते हैं। संसार का सबसे पुराना टेनिस कोर्ट सन् १४९६ में पेरिस में बनाया गया था और यह आज भी सुरक्षित है।

'टेनिस' की प्रतिवर्ष प्रतियोगिताएँ होती हैं। इन प्रतियोगिताओं में जो जीतता है, उसे 'चैंपियन' कहा जाता है। 'डेविस कप' और 'वाइट मन कप' लॉन टेनिस की प्रमुख प्रतियोगिताओं के नाम हैं। जहाँ 'डेविस कप' पुरुष वर्ग के लिए आयोजित होता है, वहीं 'वाइट मन कप' महिला वर्ग के लिए होता है। डेविस कप प्रतियोगिता में तो संसार का

कोई भी देश भाग ले सकता है, लेकिन वाइट मन कप संयुक्त राज्य अमेरिका और इंग्लैंड की महिला खिलाड़ियों के बीच ही होता है। 'विंबल्डन' (इंग्लैंड) टूर्नामेंट भी उसी के अंतर्गत आयोजित होता है।

इसका (टेनिस) कोर्ट एकल (Single) के लिए ७८ फीट लंबा और २७ फीट चौड़ा होता है। यह ऑस्ट्रेलिया का प्रमुख खेल है। 'लॉन टेनिस' की मुख्य प्रतियोगिताएँ और टूर्नामेंट 'डेविस कप', 'विंबल्डन', 'ग्रैंड प्रिक्स' के नाम पर आयोजित होते हैं। इस खेल के प्रमुख भारतीय खिलाड़ी हैं—विजय अमृतराज, आनंद अमृतराज, रमेश कृष्णन, लिएंडर पेस, महेश भूपति, सानिया मिर्जा। अन्य देशों के प्रमुख खिलाड़ियों में मार्टिना नवरातिलोवा, स्टेफी ग्राफ, क्रिस एवर्ट लॉयड, पैट कैश, इवानलैंडन, जॉन मैक्नरो, जिम्मी कार्नर्स, हेलेन सुकोवा, हांडा मांडलीकोवा, पाम श्राइवर, मार्टिना हिंगिस, शारापोवा आदि का नाम सभी टेनिस प्रेमी जानते हैं।

इस खेल के प्रत्येक दल में एक-दो खिलाड़ी होते हैं। इसकी मेज ९ फीट लंबी, ५फीट चौड़ी और ऊँचाई २.५ फीट होती है। पहला राउंड वही खिलाड़ी जीत पाता है, जो २१ अंक अर्जित कर लेता है। जब दोनों प्रतिद्वंद्वी २०-२० अंक पर खेलते हैं तब २ और बढ़ा देते हैं, यानी जब एक खिलाड़ी दूसरे खिलाड़ी से २ अंक अधिक प्राप्त कर लेता है तब वह विजयी घोषित किया जाता है।

□

दिमाग का खेल : शतरंज

शतरंज का खेल हर कोई नहीं खेल पाता। पुराने जमाने के खेलों में शतरंज का खेल काफी अच्छा माना जाता था। आज भी माना जाता है। पहले राजा-महाराजा अपना मन बहलाने के लिए शतरंज खेला करते थे।

शतरंज को अंग्रेजी में 'Chess' कहते हैं। 'Chess' शब्द की उत्पत्ति 'शाह' शब्द से हुई। 'शाह' पर्शियन भाषा का शब्द है। शाह का अर्थ है 'राजा'। इसी शब्द से 'बादशाह' बना है। बादशाह का अर्थ 'महाराजा' है।

शतरंज का जन्म भारत में हुआ। रावण की पत्नी का नाम मंदोदरी था। वह बहुत चतुर महिला थी। जब उसने देखा कि लंका में राक्षस आए दिन मार-काट मचाते रहते हैं तब उसने राक्षसों को शतरंज का खेल सिखा दिया। इस कारण सब राक्षस शतरंज के खेल में ही लगे रहते थे। कहा भी जाता है—'खाली दिमाग शैतान का घर' होता है।

इस तरह से भारत के लोगों ने शतरंज का खेल सीखा था। यह खेल काफी समय तक भारत में ही खेला जाता रहा। लंबे समय के बाद यह खेल धीरे-धीरे दुनिया के कई देशों में पहुँच गया। इस खेल को सोवियत रूस ने बड़ी गंभीरता से लिया। यही कारण है कि शतरंज आज रूस का 'राष्ट्रीय खेल' बन चुका है।

सन् १८५१ में पहली बार अंतरराष्ट्रीय शतरंज प्रतियोगिता लंदन में आयोजित हुई।

अपना देश शतरंज के खेल में काफी आगे है। भारत ने अब तक कई विश्व शतरंज प्रतियोगिताएँ जीत ली हैं। विश्वनाथन आनंद भारत के शीर्षस्थ खिलाड़ी हैं और दुनिया के सर्वश्रेष्ठ खिलाड़ियों में गिने जाते हैं। शतरंज के प्रति लोगों का आकर्षण बढ़ रहा है। अब तो स्थानीय स्तर पर इसकी प्रतियोगिताएँ आयोजित होती हैं।

□

चुस्ती-फुरती का खेल : कराटे

'कराटे' एक युद्ध-कला है; किंतु इस कला की शुरुआत कब, कहाँ और कैसे हुई, इस बारे में प्रामाणिक जानकारी नहीं है। इस संबंध में कई कहानियाँ प्रचलित हैं।

कहा जाता है, 'कराटे' का जन्म भारत के केरल राज्य में हुआ। चूँकि हम भारतीय मार-पीट में ज्यादा विश्वास नहीं करते, इसलिए 'कराटे' पर विशेष ध्यान नहीं दिया जाता। 'कराटे' वास्तव में काफी खतरनाक खेल है। थोड़ी सी असावधानी से हाथ-पैर-गरदन-नाक तक टूट सकती है। भारत में इसका सही ढंग से प्रचार-प्रसार नहीं हुआ तो धीरे-धीरे लोग 'कराटे' को भूलते गए।

ऐसा कहा जाता है कि छठी शताब्दी में बोधिधर्म नाम का एक बौद्ध भिक्षु था। बोधिधर्म अपने धर्म के प्रचार-प्रसार के लिए चीन की यात्रा पर गया हुआ था। चीन में उसने आवश्यकता से अधिक अनुशासन देखा। वहाँ के लोगों की जिंदगी मशीनी बनकर रह गई थी। उनका स्वास्थ्य हमेशा खराब रहता था।

बौद्ध भिक्षु बोधिधर्म को चीन के लोग काफी अजीब लगे। उसने वहाँ दो पुस्तकें तैयार की थीं। पहली पुस्तक का नाम 'प्राणायाम' और दूसरी का नाम 'शक्तिवर्द्धन' था। उन पुस्तकों में शरीर स्वस्थ कैसे हो और स्वस्थ शरीर के क्या-क्या लाभ हैं—ये सारी बातें बताई गई हैं। उस पुस्तक में यह भी बताया गया है कि शरीर की सारी शक्ति किसी भी अंग में कैसे संचित या प्रवाहित की जा सकती है।

उन दोनों पुस्तकों से चीन के लोगों को बड़ा ही लाभ मिला। पुस्तकों में बताई गई बातों को वहाँ के लोगों ने ध्यान से पढ़ा और समझा। इससे लोग बड़े ही शक्तिशाली होने लगे। वे अपनी सुरक्षा स्वयं करना सीख चुके थे। किसी भी हथियार का सहारा लेना वे अपना अपमान समझते थे। वे जिस ढंग से अपने शत्रुओं पर प्रहार करते हैं, उस ढंग को 'कराटे' का नाम दिया गया।

'कराटे' उसे कहते हैं, जिसमें लोग बिना किसी हथियार के दुश्मन से अपनी सुरक्षा आसानी से कर लेते हैं और शत्रु को परास्त कर देते हैं।

इस तरह से 'कराटे' जापान, यूरोप, संयुक्त राज्य अमेरिका, रूस तथा संसार के अन्य देशों में भी पहुँचा। आज तो स्थिति यह है कि संसार के कोने-कोने में कराटे का प्रशिक्षण दिया जाता है।

संसार में जापान कराटे के लिए सर्वाधिक प्रसिद्ध देश है। संसार का सर्वश्रेष्ठ कराटेबाज का नाम है—'यामागूचो' (जापान)।

□

शक्ति और रोमांच का खेल : फुटबॉल

फुटबॉल अन्य खेलों की अपेक्षा बहुत ही आसान और सस्ता खेल है। यह खेल दो दलों के बीच खेला जाता है। दोनों दलों के खिलाड़ियों की संख्या ११-११ होती है। इनमें गोल रक्षक भी शामिल रहता है। इस खेल के मैदान की लंबाई कम-से-कम १०० गज और अधिक-से-अधिक १३० गज होती है। इसकी चौड़ाई कम-से-कम ५० गज तथा अधिक-से-अधिक १०० गज होती है। अंतरराष्ट्रीय मुकाबलों के दौरान इसकी लंबाई १२० से अधिक और ११० गज से कम होती है। वहीं चौड़ाई ८० गज से अधिक, किंतु ७० गज से कम नहीं होती। इसमें भी दो कप्तान तथा दो निर्णायक होते हैं। गेंद की परिधि २७ इंच तक की होती है। 'डी' (अर्द्ध-चंद्राकर) गोल से ६ गज की दूरी तक मैदान की ओर होता है। खेल के शुरू होने पर फुटबॉल का वजन कम-से-कम १४ औंस तथा अधिक-से-अधिक १६ औंस होता है।

प्रत्येक खेल की शुरुआत किसी-न-किसी देश में अवश्य हुई है। फुटबॉल की शुरुआत करनेवाले देश का नाम है रूस। फुटबॉल रूस का राष्ट्रीय खेल है।

देश-विदेश में फुटबॉल खेल की प्रतियोगिताएँ होती हैं। एशियाई, राष्ट्रमंडल तथा ओलंपिक खेलों में फुटबॉल प्रतियोगिता रखी गई है। यह तरह-तरह के नामों से जाना जाता है।

जिस तरह से अन्य खेलों में खिलाड़ियों के लिए यूनीफॉर्म की व्यवस्था की गई, उसी तरह से फुटबॉल के खिलाड़ियों की यूनीफॉर्म होती है। जर्सी या कमीज, छोटी नेकर, लंबी जुराबें और बूट। इस खेल में ४५-४५ मिनट के दो राउंड होते हैं। गोल रक्षकों का पहनावा खिलाड़ियों के पहनावे से अलग होता है, ताकि उसे आसानी से पहचाना जा सके।

खेल आरंभ के लिए मैदान के भाग और प्रथम किक (ठोकर) का निर्णय सिक्का (टॉस) उछालकर किया जाता है। किसी को धक्का देना, पैर अटकाना या दूसरे दल के खिलाड़ी पर उछलना गलत खेल माना जाता है। रेखा पर खड़े दो व्यक्ति देखते हैं कि गेंद

कब बाहर जाती है। उन्हें 'लाइनमैन' कहा जाता है। जब गेंद गोल रेखा से पार चली जाए या रेखा पर रुक जाए अथवा निर्णायक सीटी बजा दे तो खेल बंद समझा जाता है।

स्कूप, पेनल्टी, किक, थ्रो-इन, ऑफ साइड, टच डाउन, स्ट्रापर, ड्रॉपकिक ये फुटबॉल खेल की शब्दावलियाँ हैं। इन्हें फुटबॉल खेल का जानकार ही समझ सकता है।

फुटबॉल के कुछ प्रसिद्ध खिलाड़ियों के नाम हैं—वाइचिंग भूटिया, पी.के. बनर्जी, चुन्नी गोस्वामी, अरुण घोष, मेवालाल, मनजीत सिंह, चंदन सिंह, इंदर सिंह, जरनैल सिंह, श्याम थापा, प्रशांत बैनर्जी, शाबिर अली, पेले आदि।

□

महात्मा गांधी

इस नश्वर संसार में कौन नहीं मरता! जो जन्म लेता है वह अवश्य मरता है, जो इस संसार में आया है उसका जाना भी निश्चित है; परंतु इनमें उसी मनुष्य का जन्म सार्थक है, जिसके द्वारा जाति, समाज और देश की उन्नति हो। महापुरुष वही कहलाते हैं जिनका देश की प्रगति और नव-निर्माण में महत्त्वपूर्ण योगदान रहता है।

यह बड़े गौरव की बात है कि हमारे देश में समय-समय पर अनेक महापुरुषों का जन्म होता रहा है। युग-निर्माता गांधीजी का जन्म २ अक्तूबर, १८६९ को काठियावाड़ के पोरबंदर में हुआ था। संसार के इतिहास में अब तक कोई महान् शक्ति उत्पन्न नहीं हुई है, जिसकी तुलना महात्मा गांधी से की जा सके। गांधीजी की महत्ता पर प्रकाश डालते हुए प्रसिद्ध विज्ञानी तथा दार्शनिक आइंस्टाइन ने कहा था, ''आनेवाली पीढ़ियाँ इस बात पर विश्वास करने से इनकार कर देंगी कि कभी महात्मा गांधी भी मनुष्य रूप में भूतल पर विचरण करते थे।''

गांधीजी के पिता करमचंद काठियावाड़ रियासत के दीवान थे। माता पुतलीबाई धार्मिक प्रवृत्ति की महिला थीं। तेरह वर्ष की अवस्था में उनका विवाह कस्तूरबा से हो गया था। उन्नीस वर्ष की अवस्था तक स्कूली शिक्षा समाप्त कर वे कानून की शिक्षा के लिए इंग्लैंड चले गए और १८९१ में बैरिस्टर बनकर भारत लौट आए। स्वदेश आकर गांधीजी ने वकालत आरंभ कर दी; परंतु इस क्षेत्र में उन्हें सफलता नहीं मिली। सौभाग्यवश बंबई के एक फर्म मालिक द्वारा इन्हें एक मुकदमे की पैरवी करने के लिए सन् १८९३ में दक्षिण अफ्रीका भेजा गया। यह उनके जीवन की एक युगांतरकारी घटना सिद्ध हुई।

गांधीजी लगभग बीस वर्षों तक दक्षिण अफ्रीका में रहे। वहाँ के हिंदुओं की दुर्दशा को देखकर उन्हें अत्यंत दुःख हुआ। प्रवासी हिंदुओं का प्रत्येक स्थान पर अनादर होता और उनकी बातों को, उनके दुःखों को वहाँ सुननेवाला कोई नहीं था। स्वयं गांधीजी को वहाँ के आदिवासी 'कुली बैरिस्टर' कहते थे। अंत में गांधीजी को वहाँ भारी सफलता मिली। उन्होंने आंदोलन किए और सरकार से माँग की कि हिंदुओं के ऊपर होनेवाले

अत्याचारों को बंद किया जाए।

सन् १९१४ में गांधीजी स्वदेश लौट आए। दक्षिण अफ्रीका में मिली असाधारण विजय की भावना ने उन्हें देश को स्वतंत्र कराने के लिए प्रेरित किया।

सन् १९२० में असहयोग आंदोलन शुरू करके खादी-प्रचार, सरकारी वस्तुओं का बहिष्कार और विदेशी वस्त्रों की होली आदि का कार्य सम्पन्न हुआ। सन् १९३० में दांडी यात्रा करके गांधीजी ने नमक कानून तोड़ा। सन् १९४२ में 'भारत छोड़ो' का प्रस्ताव पास हुआ। गांधीजी और देश के अनेक नेता जेल भेजे गए। अंत में १५ अगस्त, १९४७ को भारत स्वतंत्र हुआ और इनके साथ ही गांधीजी का अपना प्रयास सफल हुआ।

महात्मा गांधी अपने देशवासियों को उसी प्रकार प्यार करते थे जैसे एक पिता अपने पुत्र को करता है। इसलिए भारतवासी उन्हें प्यार से 'बापू' कहते थे।

इस धरा पर जो फूल खिलता है, वह कभी-न-कभी अवश्य मुरझा जाता है। प्रकृति का विधान है—जो यहाँ आता है, वह इस संसार को छोड़कर अवश्य जाता है। ३० जनवरी, १९४८ को नाथूराम गोडसे ने गोली मारकर गांधीजी की हत्या कर दी। उसी समय प्रधानमंत्री पं. जवाहरलाल नेहरू ने आकाशवाणी पर बोलते हुए कहा था, "हमारे जीवन की ज्योति बुझ गई। अब चारों ओर अंधकार है।"

□

डॉ. राजेंद्र प्रसाद

डॉ. राजेंद्र प्रसाद स्वतंत्र भारत के प्रथम राष्ट्रपति थे। वह 'जीरादेई के संत' के नाम से प्रसिद्ध थे। उनका जन्म ३ दिसंबर, १८८४ को बिहार के सारण जिले जीरादेई नामक ग्राम में हुआ था। उनके पिता श्री महादेव सहाय एक जमींदार थे। राजेंद्र प्रसाद अपने माता-पिता के पाँचवें और सबसे छोटे पुत्र थे।

सन् १८९३ में छपरा के एक स्कूल में उन्होंने प्रवेश लिया। सन् १९०२ में वह केलकत्ता विश्वविद्यालय की प्रवेश परीक्षा में सर्वप्रथम आए। वे ऐसे पहले बिहारी छात्र थे, जिन्होंने यह सफलता सर्वप्रथम प्राप्त की थी। सन् १९०६ में उन्होंने बी.ए. की परीक्षा उत्तीर्ण की। एम.ए. की परीक्षा में उनका स्थान सर्वोच्च था। वकालत की परीक्षा उन्होंने अच्छे अंकों में उत्तीर्ण की।

फिर क्या था—शीघ्र ही उच्च न्यायालय के वकील के रूप में उन्होंने ख्याति प्राप्त की। वकील के रूप में उनका निर्मल चरित्र और ईमानदारी देख सभी चकित थे। वकालत आरंभ करने से पूर्व वह मुजफ्फरपुर में कुछ समय तक एक महाविद्यालय में अध्यापन-कार्य करते रहे।

राजेंद्र बाबू जब पाँचवीं कक्षा में पढ़ते थे, तभी उनका विवाह कर दिया गया। तब उनकी अवस्था मात्र बारह वर्ष की थी। उन्होंने अपनी आत्मकथा में अपने विवाह के समय की कुछ मनोरंजक घटनाओं का रोचक वर्णन किया है।

आगे चलकर उन्होंने वकालत के अपने अच्छे-खासे व्यवसाय को छोड़कर देश-सेवा करने की ठान ली। सन् १९०९ के बंग-भंग आंदोलन ने उन्हें बहुत प्रभावित किया। उसके बाद सन् १९१७ में बिहार में महात्मा गांधी द्वारा छेड़े गए चंपारण सत्याग्रह से भी वे प्रभावित हुए। सन् १९३५ में बिहार भूकंप के दौरान उनकी सेवाओं को भला कौन भुला सकता है!

वह पहले कांग्रेस के महामंत्री रहे, फिर सन् १९३४ में उन्हें सर्वसम्मति से कांग्रेस का अध्यक्ष चुना गया। वे कांग्रेस महासमिति के सन् १९१२ से और कार्यसमिति के

१९२२ से राष्ट्रपति पद ग्रहण करने के पूर्व तक बराबर सदस्य रहे।

सन् १९४६ में डॉ. राजेंद्र प्रसाद भारत में अंतरिम सरकार के मंत्री बने। १५ अगस्त, १९४७ को देश जब आजाद हुआ तो उनकी अध्यक्षता में 'संविधान सभा' का गठन हुआ। इस तरह डॉ. राजेंद्र प्रसाद की देख-रेख में ही हमारे देश का संविधान बना। नए संविधान में दी गई व्यवस्था के अनुसार देश में सन् १९५२ में पहला आम चुनाव हुआ।

सन् १९५२ में डॉ. राजेंद्र प्रसाद ने स्वतंत्र भारत के प्रथम राष्ट्रपति का पद ग्रहण किया। वह राष्ट्रपति पद के लिए दो बार चुने गए—एक बार सन् १९५२ में और दूसरी बार १९५७ में। सन् १९६२ में उन्हें भारत के सर्वोच्च नागरिक सम्मान 'भारत रत्न' से सम्मानित किया गया था।

जब राजेंद्र बाबू राष्ट्रपति भवन गए तब वहाँ के ऐश्वर्य को देखकर सोच में पड़ गए। उन्होंने वहाँ के नरम गद्दोंवाले पलंग को हाथ से दबाते हुए कहा था, "यह पलंग तो ऐसे ही हैं जैसे घी से भरा कनस्तर। कनस्तर में एक कटोरी छोड़ें तो वह बिना प्रयास के सरकती हुई नीचे तक जा पहुँचेगी। कुछ ऐसी ही हालत इस पलंग पर सोनेवाले व्यक्ति की भी होगी।"

उन्होंने तब आरामदायक पलंग को हटवाकर लकड़ी का एक तख्त लगवाया। उसी पर वह बारह वर्षों तक सोए।

उनकी विनम्रता अत्यंत सहज थी, ऊपर से ओढ़ी हुई नहीं थी। सहृदयता उनमें कूट-कूटकर भरी हुई थी।

२८ फरवरी, १९६३ को पटना में उनका निधन हो गया।

राष्ट्रपति भवन छोड़कर 'सदाकत आश्रम' (पटना) जाते समय उन्होंने कहा था, "मुझे राष्ट्रपति भवन में रहते हुए न तो प्रसन्नता थी और न ही झोंपड़ी में जाते हुए कोई दुःख है।"

आचार्य विनोबा भावे ने उनकी तुलना राजा जनक से करते हुए कहा था, "वह जब राष्ट्रपति थे तब भी उनकी सादगी बनी रही। राजा जनक भी बिहार में हुए थे और राजेंद्र बाबू भी। जनक जैसी निर्लिप्तता हमने राजेंद्र बाबू में ही देखी है।"

□

डॉ. सर्वपल्ली राधाकृष्णन्

डॉ. सर्वपल्ली राधाकृष्णन् भारत के दूसरे राष्ट्रपति थे। डॉ. राधाकृष्णन् से मिलने की इच्छा रखते हुए एक बार स्टालिन ने कहा था, ''मैं उस प्रोफेसर से मिलना चाहता हूँ, जो प्रतिदिन चौबीस घंटे अध्ययन करता है।'' इतने महान् थे राधाकृष्णन्!

उनका जन्म ५ सितंबर, १८८८ को आंध्र प्रदेश के एक गाँव तिरुताणि में हुआ था। उनके माता-पिता अत्यंत धार्मिक प्रवृत्ति के थे। इस तरह उनका पूरा-का-पूरा पारिवारिक वातावरण धार्मिकता से ओत-प्रोत था।

डॉ. राधाकृष्णन् की प्रारंभिक शिक्षा-दीक्षा एक कॉन्वेंट स्कूल में हुई। बाद में भी वह ईसाई मिशनरियों द्वारा संचालित स्कूलों में शिक्षा ग्रहण करते रहे। मद्रास विश्वविद्यालय से उन्होंने दर्शनशास्त्र में स्नातकोत्तर की परीक्षा उत्तीर्ण की थी। वह प्रारंभ से ही अत्यंत मेधावी छात्र थे। वह प्रत्येक कक्षा में प्रथम श्रेणी में उत्तीर्ण होते रहे। स्नातकोत्तर परीक्षा उत्तीर्ण करने के बाद वह मद्रास विश्वविद्यालय में ही दर्शनशास्त्र के प्राध्यापक हो गए। बाद में वह इंग्लैंड स्थित 'ऑक्सफोर्ड विश्वविद्यालय' में भारतीय दर्शन के शिक्षक हो गए थे। वहाँ उन्होंने भारतीय धर्म एवं दर्शन का यथासंभव प्रचार-प्रसार किया। कुछ ही दिनों बाद वहाँ भारतीय धर्म एवं दर्शन की महत्ता छा गई।

एक बार की बात है। कलकत्ता विश्वविद्यालय में एक बार एक व्याख्यान-माला का आयोजन किया गया। वह व्याख्यान-माला एक कसौटी थी। उसके माध्यम से एक ऐसे योग्य अध्यापक का चयन करना था, जो दर्शनशास्त्र का गंभीर अध्येता और जानकार हो। डॉ. राधाकृष्णन् को भी आमंत्रण दिया गया। उन्होंने अपनी भाषण-कला से सभा को मोहित कर लिया था। उन्हें तुरंत विश्वविद्यालय का नियुक्ति-पत्र दिया गया। किंतु वहाँ वह बहुत समय तक नहीं रह सके। कुछ ही समय बाद उन्हें मद्रास विश्वविद्यालय की ओर से एक प्रस्ताव मिला। प्रस्ताव में उनसे आग्रह किया गया था कि वह मद्रास विश्वविद्यालय के उपकुलपति का पद ग्रहण करें। उन्होंने उस प्रस्ताव को सहर्ष स्वीकार कर लिया।

एक वर्ष के भीतर ही उन्हें बनारस विश्वविद्यालय का उपकुलपति बना दिया गया। इस तरह वे वाराणसी जा पहुँचे। आगे चलकर डॉ. राधाकृष्णन् का चुनाव 'यूनेस्को' के अध्यक्ष के रूप में किया गया। 'यूनेस्को' एक अंतरराष्ट्रीय संस्था है। इस तरह उन्हें बनारस हिंदू विश्वविद्यालय से ससम्मान मुक्त कर दिया गया।

सन् १९५२ में उन्हें सोवियत संघ में भारत का राजदूत नियुक्त किया गया। सन् १९५२ में ही भारत का संविधान लागू हुआ। तभी उन्हें निर्धारित प्रक्रियाओं के द्वारा भारत का प्रथम उपराष्ट्रपति नियुक्त किया गया। सन् १९५७ में उन्हें पुन: देश का उपराष्ट्रपति नियुक्त किया गया।

१३ मई, १९६३ को डॉ. राधाकृष्णन् भारत के राष्ट्रपति निर्वाचित हुए। राष्ट्रीय जन-जीवन में उनकी भूमिका के संदर्भ में उनके नाम पर किसी भी प्रकार का कोई मतभेद नहीं था। उनको लेकर विवाद कम, सम्मान अधिक था।

अत्यंत सादगी से भरा जीवन था उनका। वह बहुत गंभीर किस्म के पुरुष थे। सन् १९६२ में उन्हें 'ब्रिटिश एकेडमी' का सदस्य बनाया गया। उसी वर्ष उन्हें पोप जॉन पॉल ने अत्यंत श्रद्धा के साथ 'गोल्डन स्पर' भेंट किया।

इंग्लैंड के राजमहल 'बकिंघम पैलेस' में आयोजित एक समारोह में उन्हें 'ऑर्डर ऑफ मेरिट' का सम्मान दिया गया था।

भारतीय धर्म एवं दर्शन के क्षेत्र में डॉ. सर्वपल्ली राधाकृष्णन् ने अनेक पुस्तकें लिखी थीं—'भारत और विश्व', 'गौतम बुद्ध : जीवन और दर्शन', 'पूर्व और पश्चिम', 'धर्म और समाज', 'हिंदुओं का जीवन-दर्शन', 'भारतीय धर्म या पाश्चात्य विचार'। उनकी अधिकांश पुस्तकें अंग्रेजी में हैं।

१३ मई, १९६७ को उन्होंने अपनी इच्छा से राष्ट्रपति का पद त्याग दिया।

१३ अप्रैल, १९७५ को उनका निधन हो गया।

□

डॉ. ज़ाकिर हुसैन

डॉ. ज़ाकिर हुसैन भारत के तीसरे राष्ट्रपति थे। उनके जीवन में अनेक कठिनाइयाँ आईं, किंतु उन्होंने धैर्य के साथ सभी कठिनाइयों का सामना किया। वह एक साधारण परिवार में जनमे थे। हाँ, उनका हौसला बुलंदियों पर था।

डॉ. ज़ाकिर हुसैन का जन्म ८ फरवरी, १८९७ को हैदराबाद में हुआ। उनके पूर्वज अफगानिस्तान से संबद्ध थे। उनके जन्म के लगभग सौ वर्ष पूर्व उनके पूर्वज भारत में आकर फर्रुखाबाद में बस गए थे। यहाँ वे लोग कायमगंज कस्बे में रहते थे।

बचपन (आठ वर्ष की अवस्था) में ही बालक ज़ाकिर के पिता की मृत्यु हो गई। कुछ ही समय बाद उनकी माता का भी निधन हो गया। उनकी प्रारंभिक शिक्षा-दीक्षा इस्लामिया हाई स्कूल, फर्रुखाबाद में हुई। बालक ज़ाकिर कितने साहसी और परिश्रमी थे, यह एक घटना से स्पष्ट हो जाता है। इस घटना के बारे में उन्होंने स्वयं लिखा है—

''हाई स्कूल परीक्षा पास करने के बाद मैं छात्रवृत्ति-परीक्षा देने के लिए आगरा गया था। परीक्षा के बाद मैं कायमगंज लौटा। घर से इस बार मेरे लिए छकड़ा भी नहीं आया था। स्टेशन से घर काफी दूर था। पैदल चलकर घर पहुँचा। घर जाकर देखा तो सभी दरवाजे बंद थे। पास-पड़ोस के लोगों से मालूम हुआ कि मेरे सिर से माँ का साया उठ चुका है। मैं अनाथ हो चुका था। मैं असहाय होकर सोचने लगा तो माँ का कहना याद आया, 'अपने आप काम करो। कभी घबराओ नहीं। पुरखों का नाम रोशन करो।' इसी के बल पर हम सभी भाई अपने पैरों पर खड़े हुए। मैं इस जीवन-संदेश को कभी नहीं भूला।''

लाचारी की हालत तो थी ही, किसी तरह उन्होंने पढ़ाई पूरी की। उच्च शिक्षा के लिए अलीगढ़ विश्वविद्यालय में दाखिला लिया। स्नातकोत्तर परीक्षा के दौरान कुछ परेशानियाँ अवश्य आईं। उन दिनों उनकी पढ़ाई सुचारु रूप से नहीं हो पाई थी। कुछ लोगों ने उन्हें परीक्षा न देने की राय दी। ज़ाकिर सबकी सुनते रहे। वे जानते थे कि इस तरह उनका एक वर्ष बरबाद हो जाएगा। उन्होंने हिम्मत नहीं हारी और बड़ी लगन से

परीक्षा की तैयारी कर डाली। उनका श्रम सार्थक हुआ। परीक्षा में उन्हें प्रथम स्थान प्राप्त हुआ। अच्छे अंक पाने के कारण उन्हें छात्रवृत्ति मिलने लगी। उसी छात्रवृत्ति के बल पर वह आगे की शिक्षा ग्रहण करने के लिए यूरोप चले गए। उन्होंने जर्मन विश्वविद्यालय में प्रवेश लिया। वहाँ से उन्होंने साहित्य और दर्शनशास्त्र में डी.फिल. की उपाधि प्राप्त की।

पढ़ाई पूरी कर वह स्वदेश लौटे। उन दिनों महात्मा गांधी के नेतृत्व में 'असहयोग आंदोलन' जोरों पर था। गांधीजी के आह्वान पर ज़ाकिर हुसैन भी उस आंदोलन में शामिल हो गए थे।

दिल्ली स्थित सुप्रसिद्ध संस्था 'जामिया मिल्लिया इसलामिया' उन्हीं की देन है। स्वदेशी शिक्षा के लिए उन्हंने ही भरपूर दबाव डाला था। गांधीजी द्वारा संचालित 'हिंदुस्तानी तालीमी संघ' के वे कर्मठ कार्यकर्ता थे।

उनकी कथनी-करनी में कोई अंतर नहीं होता था। वह एक कुशल अध्यापक थे। एक बार की एक घटना है—

उन्होंने अपने छात्रों से कह दिया था कि वे बिना पॉलिश किए जूते पहनकर स्कूल न आया करें। बार-बार कहने के बावजूद बच्चे उनकी बात पर ध्यान नहीं दे रहे थे। फिर क्या था, एक दिन वह ब्रश और पॉलिश की डिबिया लेकर स्कूल के गेट के पास बैठ गए। फिर ध्यान से हर बच्चे के जूतों की ओर देखने लगे। जो बच्चे गंदे जूते पहनकर आए थे, उनके जूतों पर वे तत्काल पॉलिश करने लगते। इससे उन बच्चों को बेहद शर्मिंदगी महसूस हुई। इस घटना के बाद विद्यालय के सब बच्चे जूतों पर अच्छी तरह से पॉलिश करके ही आते थे।

डॉ. ज़ाकिर हुसैन राज्यसभा के सदस्य भी मनोनीत किए गए। वे बिहार के राज्यपाल भी रहे। सन् १९५२ में वे देश के उपराष्ट्रपति निर्वाचित हुए।

१३ मई, १९६७ को वह भारत के राष्ट्रपति निर्वाचित हुए। राष्ट्रपति बनने के दो वर्ष के बाद ३ मई, १९६९ को हृदय गति रुक जाने के कारण भारत माता के इस सपूत का निधन हो गया था।

□

लाल बहादुर शास्त्री

लाल बहादुर शास्त्री बहुत ही साधारण एवं सहज व्यक्तित्व के थे। वे तड़क-भड़क से बहुत दूर रहते थे। उनमें बाह्य आडंबर 'नहीं' के बराबर था। कोई भी व्यक्तिगत कठिनाई उन्हें उनके पथ से डिगा नहीं सकती थी।

शास्त्रीजी का आदर्श कल्पना की वस्तु नहीं था। उनके लिए उनका आदर्श एक ऐसी प्रकाश-किरण के समान था, जो सदैव चलते रहने के लिए प्रेरित करता था।

शास्त्रीजी मानवता की, भारतीयता की सतह पर सदैव खड़े रहे। इसीलिए वे अपनों से कभी भिन्न प्रतीत नहीं हुए। उनकी सादगी हमें पूरी तरह आकृष्ट करती है। उनकी करुणा ठोस थी। उनका तेज तरल था। उनकी अनेक स्मृतियाँ जनमानस के मन में भरी पड़ी हैं।

ऐसे महान् व्यक्ति का जन्म २ अक्तूबर, १९०४ को मुगलसराय में हुआ था। उनके परिवार में सुख-वैभव नाम मात्र का था। जब लाल बहादुर मात्र डेढ़ वर्ष के थे तब उनके पिताजी की मृत्यु हो गई थी। इस कारण बालक लाल बहादुर की शिक्षा-दीक्षा पर आगे चलकर कुप्रभाव पड़ा। उनकी प्रारंभिक शिक्षा वहीं की एक साधारण सी पाठशाला में हुई थी। सन् १९१५ में लाल बहादुर ने गांधीजी को पहली बार वाराणसी में देखा था। उस समय उनकी अवस्था मात्र ग्यारह वर्ष की थी। अंत में सोलह वर्ष की अवस्था में ही गांधीजी के आह्वान पर वे जेल चले गए थे। यह सन् १९२० की घटना है।

वहाँ से सन् १९२१ में वापस आने पर उन्होंने काशी विद्यापीठ में पुन: अध्ययन प्रारंभ किया था। वहीं पर आचार्य नरेंद्रदेव, डॉ. भगवानदास, उनके सुपुत्र श्रीप्रकाश, डॉ. संपूर्णानंद और आचार्य कृपलानी के संपर्क में आने का उन्हें सौभाग्य प्राप्त हुआ।

काशी विद्यापीठ से 'शास्त्री' की उपाधि ग्रहण करने के बाद उनका जीवन 'सर्वेंट्स ऑफ द पीपल्स सोसाइटी' की सेवा में बीतने लगा। लाला लाजपत राय का वरदहस्त लाल बहादुरजी के सिर पर था। यह सन् १९२६ की बात है।

सन् १९२७ में उनका विवाह ललिताजी के साथ हुआ। उनके छह संतानें हुईं—

चार पुत्र एवं दो पुत्रियाँ।

शास्त्रीजी शरीर से क्षीण होते हुए भी लौह संकल्पवाले राजनेता थे। आचरण से विनम्र और कोमल होते हुए भी शास्त्रीजी का मस्तिष्क और उनकी दृष्टि अत्यंत तीव्र थी। यह गुण दुर्लभ भी होता है। अपने नौ वर्षों के जेल-जीवन में शास्त्रीजी ने मुसकराना सीखा। क्रोध करना तो वे जानते ही नहीं थे।

हाँ, उनके कोमल व्यक्तित्व के भीतर शक्ति का ज्वालामुखी छिपा हुआ था। वह ज्वालामुखी उस समय प्रकाश में आया, जब पाकिस्तान ने भारत पर आक्रमण किया। यह ठीक था कि शास्त्रीजी शांति के प्रेमी थे, पर वह शांति को 'समर्पण का पर्याय' नहीं मानते थे।

सच्चे अर्थों में शास्त्रीजी आत्मनिर्मित व्यक्ति थे। उनके राजनीतिक जीवन पर पं. गोविंद बल्लभ पंत और पं. नेहरू का अधिक प्रभाव था; किंतु पुरुषोत्तमदास टंडन से वे अत्यधिक प्रभावित थे।

वे जनता के सुख-दुःख से सुपरिचित थे। उनकी जनप्रियता का यह सबसे बड़ा कारण था। उनका निधन इतिहास की एक महत्त्वपूर्ण घटना है। ११ जनवरी, १९६६ को ताशकंद (रूस) में अचानक उनका स्वर्गवास हो गया। युद्ध और शांति के नेता के रूप में देश ने जिस राजनेता को अत्यधिक गौरव प्रदान किया, वे शास्त्रीजी ही थे।

महत्त्वपूर्ण ऐतिहासिक अंतरराष्ट्रीय वार्त्ता में गौरवपूर्ण कार्य पूरा करके वे विश्व में प्रतिष्ठा और गौरव के सर्वोच्च शिखर पर पहुँचे थे।

उनकी मृत्यु के पूर्व १० जनवरी, १९६६ को प्रातः ही भारत-पाकिस्तान के बीच रूस के एक नगर 'ताशकंद' में समझौता हुआ। उस पर भारत के प्रधानमंत्री लाल बहादुर शास्त्री और पाकिस्तान के राष्ट्रपति अय्यूब खाँ ने हस्ताक्षर किए। जय-पराजय का वातावरण सद्भाव के पगचाप में ढक गया। दोनों देशों के नेता यों गले मिले जैसे दोनों की बिछुड़ी आत्माएँ मिल रही हों। संसार भर में खुशी के साथ यह समाचार सुना गया।

यह भारत के इतिहास की अविस्मरणीय घड़ी थी, जो चिर-स्मरणीय हो गई, क्योंकि उसी तारीख को रात्रि के समय शास्त्रीजी का देहांत हो गया।

□

डॉ. जगदीशचंद्र बसु

डॉ. जगदीशचंद्र बसु का जन्म ढाका (बँगलादेश) में हुआ था। कस्बा है विक्रमपुर और गाँव रीढ़रवाल। तारीख थी ३० नवंबर, १८५८। पहले ढाका भारत का ही अंग था। उनके पिता का नाम श्री भगवानचंद्र बसु था। उनकी आरंभिक शिक्षा गाँव के एक स्कूल में हुई। सेंट जेवियर कॉलेज, कलकत्ता से उन्होंने बी.ए. की परीक्षा उत्तीर्ण की थी। लंदन स्थित कैंब्रिज विश्वविद्यालय से उन्होंने बी.एस-सी. की परीक्षा उत्तीर्ण की। वहाँ उन्हें कई वैज्ञानिकों से मिलने का अवसर प्राप्त हुआ।

अपना अध्ययन समाप्त कर वे सन् १८८५ में भारत लौटे थे और कलकत्ता के प्रेसीडेंसी कॉलेज में अध्यापक बन गए। उनका विषय था—'भौतिक विज्ञान'।

सन् १८८७ में उनका विवाह हुआ था। उनकी पत्नी थीं अबला। प्रेसीडेंसी कॉलेज में जगदीशचंद्र बसु का अध्यापन के साथ-साथ अनुसंधान कार्य भी चलता रहा। सन् १८९६ में उन्हें लंदन विश्वविद्यालय से डी.एस-सी. (डॉक्टर ऑफ साइंस) की उपाधि मिली थी। आगे चलकर जगदीशचंद्र ने ध्वनि विषय पर कई खोजें कीं। सन् १८९५ में उन्होंने 'बेतार के तार' का अजूबा प्रदर्शन किया था। विश्व के किसी भी विज्ञानी द्वारा वह प्रथम प्रदर्शन था। उन्होंने यह साबित कर दिखाया कि धातुओं के परमाणुओं पर दबाव पड़ने से उनमें थकान आ जाती है। जब उन्हें उत्तेजित किया जाता है तब उनकी थकान दूर हो जाती है। इसी सिलसिले में उन्होंने पेड़-पौधों पर भी कई प्रयोग किए। उससे यह पता चला कि पेड़-पौधों में भी महसूस करने की क्षमता होती है। उन्होंने कई यंत्र भी तैयार किए थे। उनका पहला यंत्र था—अनुलेखन यंत्र (१९११)। एक अन्य यंत्र है—'मैग्नेटिक केस्कोग्राफ'।

उनकी प्रतिभा को देखकर विदेशों के विज्ञानी 'वाह-वाह' कह उठे।

२३ नवंबर, १९३७ को हृदय गति रुक जाने के कारण इस महान् वैज्ञानिक की मृत्यु हो गई।

□

श्रीनिवास रामानुजन

श्रीनिवास रामानुजन का जन्म २२ दिसंबर, १८८७ को मद्रास में हुआ था। स्थान है 'कुंभकोणम' के पास 'इरोड' नामक गाँव। उनके पिता का नाम था श्रीनिवास आयंगर। उनके पिता एक व्यापारी के यहाँ कार्य करते थे।

श्रीनिवास की प्रारंभिक शिक्षा कुंभकोणम हाई स्कूल में हुई। उनकी स्मरण-शक्ति बहुत अच्छी थी। गणित के टेढ़े सवालों को हल करने के लिए वे अपने मित्रों के बीच बहुत प्रसिद्ध थे। छह से सात दिनों में ही गणित की किसी नई पुस्तक के सारे सवालों को वे हल कर डालते थे। उनकी इस प्रतिभा को देखकर उनके सहपाठी हैरान रह जाते थे। उन्होंने गणित के क्षेत्र में कई महत्त्वपूर्ण कार्य किए।

श्रीनिवास ने सबसे पहले अंकगणित के सूत्र तैयार किए। उसके बाद वे ज्यामिति की ओर झुके और फिर बीजगणित की ओर। सन् १९०३ में उन्होंने मैट्रिक की परीक्षा उत्तीर्ण की थी। उसके बाद इंटर की परीक्षा दी थी, किंतु वे उसमें असफल रहे। इंग्लैंड के प्रसिद्ध गणितज्ञ डॉ. हार्डी ने उनकी बहुत सहायता की। हार्डी का कहना था, "रामानुजन को मैंने जितना कुछ समझाया, उससे कहीं अधिक मैंने उनसे सीखा।"

सन् १९०३ में जानकी देवी के साथ उनका विवाह हो गया था। सन् १९११ में उनका पहला निबंध 'मैथेमेटिकल सोसाइटी' नामक पत्रिका में प्रकाशित हुआ। तब वे मात्र तेईस वर्ष के थे। सन् १९१६ में 'कैंब्रिज विश्वविद्यालय', लंदन से उन्हें बी.ए. की उपाधि दी गई थी। 'रॉयल सोसाइटी' और 'टिनिटी कॉलेज', कैंब्रिज ने उन्हें अपना 'फेलो' (सदस्य) नियुक्त किया था। इस तरह से किसी भारतीय को मिलनेवाला यह पहला सम्मान था।

सन् १९१७ में रामानुजन तपेदिक की चपेट में आ गए। सन् १९१९ में वे अपने देश लौटे थे। उनका स्वास्थ्य गिरता गया। २६ अप्रैल, १९२० को मद्रास में उनका देहांत हो गया। तब वे केवल तैंतीस वर्ष के थे।

विदेशों की पत्र-पत्रिकाओं में उनके निबंध और सूत्र प्रकाशित हुए। उनके शोध-

पत्र छपे। हाँ, उनके सारे शोध संख्याशास्त्र पर आधारित थे। उन्होंने विश्व को यह सिद्ध करके दिखा दिया था कि किसी भी पूर्ण संख्या को तीन तरह से लिखा जा सकता है; जैसे—३+०, १+२, १+१+१+। यहाँ यह जान लेना आवश्यक है कि इन संख्याओं को शुद्ध रूप में अन्य किसी तरह से नहीं लिखा जा सकता है।

□

डॉ. चंद्रशेखर वेंकटरमण

डॉ. चंद्रशेखर वेंकटरमण का जन्म तत्कालीन त्रिचनापल्ली में ७ नवंबर, १८८८ को हुआ था। चंद्रशेखर शुरू से ही पढ़ाई में अत्यंत मेधावी थे। जब वे मात्र बारह वर्ष के थे तब उन्होंने मैट्रिक की परीक्षा उत्तीर्ण कर ली थी। उन्होंने मात्र सोलह वर्ष की अवस्था में मद्रास विश्वविद्यालय से बी.ए. की परीक्षा प्रथम श्रेणी में उत्तीर्ण की थी। यहीं से एम.एस-सी. की परीक्षा (भौतिक-विज्ञान) उत्तीर्ण की थी। वे अपने विश्वविद्यालय में प्रथम स्थान पर रहे।

सन् १९०७ में वे लेखा-विभाग की परीक्षा में एक कीर्तिमान के साथ सफल हुए थे। परिणामस्वरूप 'डिप्टी एकाउंटेंट जनरल' पद पर नियुक्त हुए। इसके बाद त्रिलोक सुंदरी नाम की कन्या के साथ उनका विवाह हो गया।

कलकत्ता में रहकर उन्होंने तीन वर्षों तक कई महान् आविष्कार किए। इससे उनका नाम पूरे विश्व में चमक गया। बाद में सर आशुतोष मुखर्जी के सहयोग से वे आगे बढ़े।

सरकारी नौकरी छोड़कर वे कलकत्ता के साइंस कॉलेज में प्रोफेसर हो गए। कुछ समय बाद उन्हें इंग्लैंड में आयोजित विश्वविद्यालय कांग्रेस में बुलाया गया था। उनके व्याख्यानों से वहाँ के बड़े-बड़े विज्ञानी हैरान रह गए थे। कलकत्ता विश्वविद्यालय ने उन्हें 'डॉक्टर ऑफ साइंस' की उपाधि प्रदान की थी। सन् १९२३ में 'रॉयल सोसाइटी' लंदन ने उन्हें अपना 'फेलो' (सदस्य) बनाया था। डॉ. रमण के महत्त्वपूर्ण कार्यों में 'रमण प्रभाव' का विशेष स्थान है।

इसी खोज पर उन्हें 'नोबेल पुरस्कार' दिया गया था। 'रमण प्रभाव' के द्वारा वस्तुओं की शुद्धता का पता चलता है। वस्तुओं की प्रतिशत मात्रा आदि की पहचान होती है। उनके अन्य अनुसंधानों में चुंबकीय शक्ति, एक्स-रे, समुद्री जल, वर्ण तथा ध्वनि आदि विषय मुख्य हैं। सन् १९६८-६९ में फूलों के रंगों के संबंध में उन्होंने महत्त्वपूर्ण खोज की।

बयासी वर्ष की अवस्था में २१ नवंबर, १९७० को डॉ. चंद्रशेखर वेंकटरमण का बंगलौर में निधन हो गया।

□

डॉ. बीरबल साहनी

डॉ. बीरबल साहनी का जन्म १४ नवंबर, १८९९ को पंजाब प्रांत के गाँव मेड़ा में हुआ था। उनके पिता का नाम था रुचिराम साहनी। उन्होंने लाहौर स्थित गवर्नमेंट कॉलेज में शिक्षा प्राप्त की। इंटर की परीक्षा में उनका प्रथम स्थान रहा। सन् १९११ में उन्होंने बी.एस-सी. की परीक्षा उत्तीर्ण की। उच्च शिक्षा के लिए वे लंदन चले गए। वहाँ उन्होंने 'प्रकृति विज्ञान' में बी.ए. की डिग्री प्राप्त की। लंदन विश्वविद्यालय से उन्हें बी.एस-सी. की डिग्री प्राप्त हुई।

सन् १९१४ में उन्हें 'डी.एस-सी' (डॉक्टर ऑफ साइंस) की उपाधि प्रदान की गई। यह उपाधि उन्हें लंदन विश्वविद्यालय द्वारा दी गई थी। उनके एक निबंध पर उन्हें 'सडबरी हार्डीमन अवार्ड' दिया गया था।

सन् १९३० में डॉ. बीरबल साहनी को लखनऊ विश्वविद्यालय की कार्य-समिति का आजीवन सदस्य बनाया गया। वनस्पति-विज्ञान के क्षेत्र में डॉ. बीरबल साहनी ने प्रशंसनीय कार्य किए।

सन् १९४३ में लखनऊ विश्वविद्यालय में भूगर्भ-विज्ञान का एक नया विभाग शुरू हुआ था। उन्हें उस विभाग का अध्यक्ष नियुक्त किया गया था।

उन्होंने अपने पिता के नाम पर एक पुरस्कार-योजना शुरू की। उस अनुसंधान पुरस्कार का नाम है—'रुचिराम साहनी अनुसंधान पुरस्कार'। वह पुरस्कार वनस्पति-शास्त्र में सर्वोत्तम अनुसंधान-कार्य के लिए प्रदान किया जाता था।

उन्होंने एक अन्य विज्ञानी डॉ. सेवार्ड के साथ मिलकर एक पुस्तक तैयार की, जिसका नाम है—'इंडियन गोंडवाना प्लांट्स ए रिवजीन'। सिक्के ढालने की पद्धति पर उन्होंने एक पुस्तक तैयार की, जिसका नाम है—'द टेक्निक ऑफ कस्टिंग कॉइंस इन एंशेंट इंडिया'।

उन्होंने सिक्कों की जानकारी पाने के लिए कई यात्राएँ कीं। इसके लिए उन्होंने उत्तर में तक्षशिला और नालंदा तथा दक्षिण में हैदराबाद की लंबी यात्राएँ की थीं। उनके

अनुसंधान कार्यों को देखते हुए सन् १९४५ में उन्हें 'नेल्सन राइट मेटल' का सम्मान दिया गया था। यह सम्मान उन्हें 'न्युमेसमेटिक सोसाइटी ऑफ इंडिया' ने प्रदान किया था। वे दो वर्षों तक 'इंडियन साइंस कांग्रेस' में वनस्पति विभाग के अध्यक्ष पद पर रहे और दो बार 'राष्ट्रीय विज्ञान कांग्रेस' के अध्यक्ष भी रहे।

१० अप्रैल, १९४१ की सुबह हृदय गति रुक जाने के कारण उनकी मृत्यु हो गई।

□

डॉ. मेघनाद साहा

डॉ. मेघनाद साहा का जन्म ६ अक्तूबर, १८९३ को ढाका जिले के गाँव ओड़ातली में हुआ था। तब ढाका भारत का ही अंग था। उनकी पारिवारिक स्थिति सामान्य ही थी। मैट्रिक की परीक्षा उन्होंने ढाका से उत्तीर्ण की थी। उसके बाद कलकत्ता के प्रेसीडेंसी कॉलेज में प्रवेश लिया।

उन्होंने एम.एस-सी. की परीक्षा प्रथम श्रेणी में उत्तीर्ण की। उनका विषय गणित था। योग्यता-क्रम में मेघनाद का स्थान दूसरा था।

उस समय सर आशुतोष मुखर्जी कलकत्ता विश्वविद्यालय के कुलपति थे। वे बहुत ही योग्य व्यक्ति थे। हर योग्य व्यक्ति का वे सम्मान करते थे। उन्होंने डॉ. मेघनाद साहा को अपने पास बुलाया। साइंस कॉलेज कलकत्ता विश्वविद्यालय से संबद्ध था। वहाँ भौतिक विज्ञान विभाग में प्रोफेसर का पद खाली था। सर आशुतोष मुखर्जी ने उनसे प्रोफेसर पद पर कार्य करने के लिए कहा। इससे डॉ. मेघनाद साहा को बहुत खुशी हुई। उन्होंने खुशी-खुशी कुलपति महोदय का प्रस्ताव स्वीकार कर लिया। इस तरह वे कलकत्ता साइंस कॉलेज में भौतिक विज्ञान के प्रोफेसर हो गए।

सन् १९२१ से १९२३ के कुछ कालखंडों तक वे वहाँ रहे थे। वहाँ रहकर उन्होंने भौतिक विज्ञान के क्षेत्र में नई-नई खोजें कीं। सन् १९१८ में उन्हें लंदन विश्वविद्यालय द्वारा 'डी.एस-सी.' (डॉक्टर ऑफ साइंस) की उपाधि प्रदान की गई।

सन् १९२३ में वे इलाहाबाद चले गए, जहाँ उन्होंने सन् १९२३ से १९३८ तक इलाहाबाद विश्वविद्यालय में भौतिक विज्ञान में प्रोफेसर के रूप में कार्य किया था। उसके बाद वे इलाहाबाद से पुनः कलकत्ता लौट आए थे। वहाँ उन्होंने 'इंस्टिट्यूट ऑफ न्यूक्लियर फिजिक्स' नामक संस्था की नींव डाली। आगे चलकर इस संस्था का नाम साहा के नाम पर रखा गया।

डॉ. साहा 'इंडियन एसोसिएशन फॉर कल्टीवेशन ऑफ साइंस' के निदेशक भी रहे। १६ फरवरी, १९५६ को इस महान् वैज्ञानिक का देहांत हो गया।

□

डॉ. सालिम अली

पक्षी-जगत् का पर्याय बने डॉ. सालिम अली का जन्म १२ नवंबर, १८९६ को बंबई महानगर में हुआ था। बंबई भारत की व्यावसायिक नगरी है। जब वे मात्र एक साल के थे तब उनके पिता की मृत्यु हो गई। दो साल बाद उनकी माता का भी देहांत हो गया।

बारह वर्ष की अवस्था में सालिम अली ने अरगन से एक पीले रंग की चिड़िया शूट कर दी थी। वह चिड़िया आम चिड़ियों से भिन्न थी। उन्हें वह चिड़िया बहुत अच्छी लगी। उन्होंने अपने मामा से उस चिड़िया के बारे में पूछा। उनके मामा अमीरुद्दी 'प्राकृतिक इतिहास सोसाइटी' के सदस्य थे। मामा ने इसका कोई उत्तर नहीं दिया। हाँ, उन्होंने सालिम अली को सोसाइटी के अजायबघर जाने में सहयोग दिया। वहाँ उन्हें तरह-तरह के पक्षियों के बारे में जानकारी मिली। वे अपने साथ उस मारी गई चिड़िया को भी कागज में लपेटकर ले गए थे। उन्हें उस चिड़िया के बारे में भी जानकारी दी गई। यहीं से उनके मन में पक्षियों के विषय में और अधिक जानने की इच्छा जाग्रत् हुई।

सन् १९२१-३० में उन्होंने बर्लिन विश्वविद्यालय में 'जीव विज्ञान संग्रहालय' में पक्षी विज्ञान का गहन प्रशिक्षण लिया। उन्होंने सन् १९२७ में बंबई की 'प्राकृतिक सोसाइटी' की पत्रिका का संपादन शुरू किया। सन् १९५० में वे इस सोसाइटी के सचिव बने। सन् १९५८ में डॉ. सालिम अली को उनकी कई उपलब्धियों के लिए 'पद्मभूषण' से सम्मानित किया गया। उनकी पुस्तक 'फाल ऑफ द स्पैरो' में उनकी आत्मकथा है। जब वे ९० वर्ष के थे तब यह पुस्तक प्रकाशित हुई। प्राकृतिक और वन्य-जीव संरक्षण में उनकी सेवाओं को देखते हुए उन्हें राज्यसभा का सदस्य बनाया गया था।

उन्हें वन्य-जीव संरक्षण के लिए कई पुरस्कार-सम्मान दिए गए। उनमें थे— 'इंटरनेशनल यूनियन फॉर कंजर्वेशन ऑफ नेचर' (१९६९), 'पाल फेटी' अंतरराष्ट्रीय पुरस्कार (१९७६), 'पद्म विभूषण' (१९७६), 'सोवियत एकेडमी ऑफ मेडिकल साइंस' ने 'पॉब्लोब्स्की सेनेटरी' (१९७८), हॉलैंड के राजकुमार बर्नार्ड ने उन्हें 'ऑर्डर द गोल्डन आर्क' (१९७६) तथा १९७७ में 'ऑर्डर ऑफ गोल्डन आर्क' की उपाधि

प्रदान की गई।

उनकी पत्नी तहमीन को भी पक्षियों से बड़ा लगाव था। वे अपने पति के साथ बहुत समय तक न रह सकीं। सन् १९३१ में उनकी मृत्यु हो गई।

सालिम अली पक्षी-विज्ञानी के रूप में पूरे संसार में प्रसिद्ध हुए। अपने जीवन के अंतिम दिनों में वे गंभीर रूप से बीमार पड़ गए थे। १९ जून, १९८७ को बंबई में उनकी मृत्यु हो गई।

□

डॉ. होमी जहाँगीर भाभा

डॉ. होमी जहाँगीर भाभा का जन्म ३० अक्तूबर, १९०१ को बंबई में हुआ था उनके पिता का नाम जे.एच. भाभा था। उनकी आरंभिक शिक्षा बंबई स्थित कैथेड्रल स्कूल में हुई। आगे की शिक्षा उन्होंने जॉन कानन स्कूल से प्राप्त की थी। बंबई मे एलफिंस्टन कॉलेज से उन्होंने एफ.ए. प्रथम वर्ष की परीक्षा उत्तीर्ण की। इनमें उनक स्थान प्रथम था। बंबई विश्वविद्यालय की इंटरमीडिएट की परीक्षा उन्होंने 'रॉयल इंस्टीट्यूट ऑफ साइंस' से उत्तीर्ण की। इसमें भी उन्होंने प्रथम स्थान प्राप्त किया।

उच्च शिक्षा के लिए वे इंग्लैंड चले गए। वहाँ उन्होंने कैंब्रिज विश्वविद्यालय से इंजीनियरिंग की परीक्षा उत्तीर्ण की थी। उसके बाद उन्होंने वहीं के केमर कॉलेज से भौतिक विज्ञान और गणित की शिक्षा प्राप्त की थी। सन् १९३४ में कैपटव से उन्होंने पी-एच.डी. की उपाधि प्राप्त की। उनके शोध का विषय था—'कॉस्मिक रेज', यानी अंतरिक्ष किरणें अथवा ब्रह्मांड किरणें।

सन् १९४० में वे भारत लौट आए। भारत में उन्हें 'इंडियन इंस्टीट्यूट ऑफ साइंस' में अनुसंधान-कार्य करने के लिए आमंत्रण दिया गया।

भारत में उन्होंने अपने कॉस्मिक किरणों के शोध-कार्य को आगे बढ़ाया था। आगे चलकर उनका शोध-कार्य बहुत लोकप्रिय हुआ। उन्हें लंदन की रॉयल सोसाइटी ने अपना 'फेलो' (सदस्य) मनोनीत किया। सन् १९४२ में उन्हें 'एडम्स पुरस्कार' मिला था। 'कॉस्मिक रेज' पर उन्हें 'हाफकिंस' पुरस्कार प्रदान किया गया था। सन् १९५१ में वे 'भारतीय विज्ञान कांग्रेस' के अध्यक्ष बने। सन् १९५४ में होमी जहाँगीर भाभा को पद्म विभूषण से सम्मानित किया गया था।

डॉ. भाभा भारत में आणविक शक्ति के जन्मदाता बने। उन्होंने ही 'टाटा इंस्टीट्यूट ऑफ फंडामेंटल रिसर्च' नामक संस्था की नींव डाली। यह संस्था बंबई में स्थित है। डॉ. होमी जहाँगीर भाभा इसके प्रथम निदेशक थे। भारत सरकार ने सन् १९४० में 'अणु-शक्ति कमीशन' की नींव रखी। इसमें अणु-शक्ति के लिए अलग से एक विभाग बनाया

गया था। डॉ. होमी जहाँगीर भाभा को उस विभाग का अध्यक्ष बनाया गया था। वे विभाग के सचिव भी रहे।

२४ जनवरी, १९६६ को इटली में एक वायुयान दुर्घटना में उनकी मृत्यु हो गई थी।

□

डॉ. विक्रम अंबालाल साराभाई

डॉ. विक्रम अंबालाल साराभाई का जन्म १२ अगस्त, १९११ को अहमदाबाद में हुआ था। अपनी आरंभिक शिक्षा उन्होंने अहमदाबाद में ही पूरी की। सन् १९३८ में वे इंग्लैंड गए। कैंब्रिज विश्वविद्यालय से उन्होंने भौतिक विज्ञान में ट्रिपोस की परीक्षा उत्तीर्ण की थी। विश्वयुद्ध छिड़ जाने के कारण वे वहाँ रहकर आगे की पढ़ाई न कर सके और भारत लौट आए।

डॉ. साराभाई इंडियन इंस्टीट्यूट ऑफ साइंस, बंगलौर में कार्य करने लगे। वहाँ उन्हें प्रसिद्ध वैज्ञानिकों डॉ. चंद्रशेखर वेंकटरमण तथा डॉ. होमी जहाँगीर भाभा का साथ मिला। विक्रम उन्हीं के साथ अनुसंधान-कार्य में जुट गए थे। इस तरह से इन तीनों महान् वैज्ञानिकों ने अपनी-अपनी खोजों से विदेशी वैज्ञानिकों को चौंका दिया।

डॉ. विक्रम अंबालाल साराभाई ने कॉस्मिक किरणों से संबंधित बहुत ही उपयोगी खोजें कीं। कॉस्मिक किरणों में जो बदलाव होते हैं वे किन स्थितियों में, क्यों और कैसे होते हैं, यह उनकी महत्त्वपूर्ण खोज थी।

इनके लिए उन्हें 'मौसम अनुमान केंद्र' में अनुसंधान-कार्य करना पड़ता था। वे इन किरणों का अध्ययन करने के लिए हिमालय क्षेत्रों में भी गए।

'कॉस्मिक किरणों' को ब्रह्मांडीय अथवा अंतरिक्ष किरणें भी कहा जाता है। यहाँ यह जान लेना आवश्यक है कि ये किरणें बहुत ही बारीक होती हैं और बहुत तेज भी होती हैं। कितना कठिन होता है इन किरणों को समझ पाना। पर डॉ. साराभाई ने इन किरणों को बहुत ही बारीकी से समझ लिया।

द्वितीय विश्वयुद्ध की समाप्ति पर, जब संसार भर में शांति स्थापित हो गई, तब वे पुन: इंग्लैंड गए। उन्होंने कैंब्रिज विश्वविद्यालय से डी.एस-सी. (डॉक्टर ऑफ साइंस) की उपाधि ग्रहण की। उसके बाद वे भारत लौट आए।

डॉ. विक्रम साराभाई ने अहमदाबाद में भौतिक अनुसंधान केंद्र की स्थापना की, जहाँ वे प्रोफेसर नियुक्त हुए, फिर निदेशक हो गए थे।

उनकी उत्कृष्ट सेवाओं और उपलब्धियों के लिए सन् १९६२ में उन्हें 'शांतिस्वरूप भटनागर पुरस्कार', १९६६ में 'पद्मभूषण सम्मान' तथा मरणोपरांत 'पद्मविभूषण' से सम्मानित किया गया।

अंतरिक्ष के क्षेत्र में उनका योगदान बहुत ही महत्त्वपूर्ण है। थुंबा और श्री हरिकोटा रॉकेट प्रक्षेपण केंद्र की स्थापना उन्होंने ही की थी।

२९ दिसंबर, १९७१ को इस महान् वैज्ञानिक का निधन हो गया।

□

राजा राममोहन राय

राजा राममोहन राय का जन्म २२ मई, १७७२ को पश्चिम बंगाल के हुगली जिले में हुआ था। जन्मजात प्रतिभा के धनी राजा राममोहन राय ने कम आयु में ही बँगला, अरबी, फारसी और इसलामी संस्कृति का गहन अध्ययन कर लिया था। उन्होंने काशी में लगातार चार वर्षों तक भारतीय साहित्य और संस्कृति का गहन अध्ययन किया। वे हमेशा कुछ-न-कुछ नया काम करने में विश्वास रखते थे। चौदह वर्ष की अवस्था तक पहुँचते-पहुँचते उनके पिता ने उनका विवाह कर दिया था। फलस्वरूप पुरानी रूढ़ियों से तंग आकर उन्होंने घर छोड़ दिया।

कुछ दिनों तक वे ईस्ट इंडिया कंपनी की सेवा में लगे रहे। इस कारण उन पर अंग्रेजी साहित्य का अच्छा प्रभाव पड़ा। उन्होंने महसूस किया कि भारतीयों का जीवन-स्तर ऊँचा उठाने के लिए अंग्रेजी शिक्षा आवश्यक है। इसी कारण वे भारतीयों को अंग्रेजी शिक्षा दिलाने के पक्ष में थे।

उनके समय में बंगाली समाज में विधवा-विवाह, बाल-विवाह, सती-प्रथा, दहेज-प्रथा जैसी सामाजिक बुराइयाँ विकराल रूप धारण कर चुकी थीं। लड़कों के अभाव में एक ही पुरुष के साथ कई-कई लड़कियों की शादी कर दी जाती थी। वे सती-प्रथा के घोर विरोधी थे।

उनके भाई की मृत्यु के बाद उनकी भाभी को धर्म के नाम पर समाज के ठेकेदारों ने उनकी इच्छा के विरुद्ध भाई की धधकती चिता में धकेल दिया था। उस घटना के बाद से उन्होंने इस कुप्रथा को हमेशा-हमेशा के लिए समाप्त करने का संकल्प लिया। सन् १८२९ में लॉर्ड विलियम बैंटिंक के साथ सहयोग कर उन्होंने ही यह कुप्रथा समाप्त कराई।

राजा राममोहन राय ने नारी शिक्षा पर विशेष बल दिया। विवाह को समाज में उच्च स्थान दिलाने के लिए उन्होंने बहुत परिश्रम किया। समाज को धार्मिक अंध-विश्वास और कुरीतियों के दायरे से निकालने के लिए उन्होंने 'ब्राह्मसमाज' नामक संस्था

की स्थापना की। स्वतंत्रता संग्राम के साथ-साथ सामाजिक बुराइयों को समाप्त करने में राजा राममोहन राय का अद्वितीय योगदान है। वे समाज में नारी की दयनीय दशा से अत्यधिक पीड़ित थे।

संपूर्ण मानव जाति के लिए उनका संदेश था—'कर्म करो'।

२१ सितंबर, १८३३ को इस महान् समाज-सुधारक का निधन हो गया।

□

लोकमान्य बाल गंगाधर तिलक

बाल गंगाधर तिलक का जन्म २३ जुलाई, १८५६ को रत्नागिरी (महाराष्ट्र) में हुआ था। उन्हें वीरों की कहानियाँ सुनने का बहुत शौक था। वे अपने दादा से कहानियाँ सुना करते थे। नाना साहब, तात्या टोपे, झाँसी की रानी आदि की गाथाएँ सुनकर बाल गंगाधर की भुजाएँ फड़क उठती थीं।

उनके पिता गंगाधर पंत का स्थानांतरण पूना हो गया। उन्होंने वहाँ के ऐंग्लो बर्नाक्यूलर स्कूल में प्रवेश लिया। सोलह वर्ष की अवस्था में सत्यभामा नामक कन्या से जब उनका विवाह हुआ तब वे मैट्रिक के छात्र थे। मैट्रिक की परीक्षा उत्तीर्ण करने के बाद उन्होंने डेक्कन कॉलेज में प्रवेश लिया। सन् १८७७ में उन्होंने बी.ए. की परीक्षा उत्तीर्ण की। आगे चलकर उन्होंने कानून की परीक्षा उत्तीर्ण की।

बाल गंगाधर तिलक के बचपन का नाम 'बलवंत राव' था। घर के लोग तथा उनके संगी-साथी उन्हें 'बाल' के नाम से पुकारते थे। उनके पिता का नाम गंगाधर था। इस कारण उनका नाम 'बाल गंगाधर तिलक' हुआ।

बाल गंगाधर तिलक ने दो साप्ताहिक समाचार-पत्र प्रारंभ किए। एक था मराठी साप्ताहिक 'केसरी' तथा दूसरा अंग्रेजी साप्ताहिक 'मराठा'।

सन् १८९० से १८९७ का समय बाल गंगाधर तिलक के लिए बहुत ही महत्त्वपूर्ण था। इस दौरान उनकी राजनीतिक पहचान बन चुकी थी। वे वकालत कर रहे विद्यार्थियों का मार्गदर्शन करने लगे।

बाल-विवाह पर प्रतिबंध लगाने और विधवा-विवाह को प्रोत्साहन देने के लिए उन्होंने लोगों का आह्वान किया था।

तिलक पूना नगर महापालिका के सदस्य बने। बाद में बंबई विधानसभा के सदस्य रहे। वे बंबई विद्यापीठ के 'फेलो' भी चुने गए। उन्होंने 'ओरायन' नामक ग्रंथ लिखा।

सन् १८१६ में पड़े भीषण अकाल के दौरान उन्होंने पीड़ित किसानों की बहुत सहायता की।

पूना में रोग-निवारण कानून को लागू करने के लिए नियुक्त कमिश्नर रेंड की एक युवक ने हत्या कर दी थी। रेंड के हत्या-प्रकरण में बाल गंगाधर को भी गिरफ्तार कर लिया गया। यह सन् १८९७ की घटना है। कारागार में ही बाल गंगाधर ने एक अमूल्य पुस्तक की रचना कर डाली, जिसका नाम है—'आर्कटिक होम इन द वेदाज'।

सन् १८८७ में दीपावली के दिन बाल गंगाधर को जेल से मुक्त किया गया। 'केसरी' में उनका एक लेख छपा था—'देश का दुर्भाग्य'। २४ जून, १९०८ को उन्हें बंबई में गिरफ्तार कर लिया गया था। छह वर्षों की सजा देकर उन्हें भारत से बाहर भेज दिया गया था।

जुलाई १९२० में बाल गंगाधर तिलक का स्वास्थ्य काफी गिर गया था। १ अगस्त, १९२० को उनका निधन हो गया।

☐

महामना मदनमोहन मालवीय

महामना मदनमोहन मालवीय का जन्म २५ दिसंबर, १८६१ को इलाहाबाद में हुआ था। वे एक गरीब परिवार में जनमे थे। ज्ञान के मामले में उनका परिवार बहुत समृद्ध था। उनके दादा पं. प्रेमधर और पिता पं. ब्रजनाथ श्रीमद्‌भगवद्‌गीता पर प्रवचनों के लिए प्रसिद्ध थे।

सन् १८९१ में मालवीयजी ने एल-एल.बी. की परीक्षा उत्तीर्ण की। उसके बाद उन्होंने इलाहाबाद उच्च न्यायालय में वकालत शुरू कर दी। सन् १९०९ में देश, धर्म और संस्कृति की सेवा के लिए उन्होंने वकालत छोड़ दी थी। सन् १९२२ में गांधीजी के असहयोग आंदोलन के दौरान उत्तर प्रदेश (गोरखपुर) में चौरी-चौरा कांड में दो सौ लोगों के मुकदमों की पैरवी की। इस प्रकार उन्होंने एक सौ तिरपन लोगों को फाँसी की सजा होने से बचा लिया।

सन् १८८६ में मालवीयजी पहली बार कांग्रेस अधिवेशन (कलकत्ता) में शामिल हुए। यह उनके राजनीतिक जीवन का आरंभ था। सन् १९०९ (लाहौर कांग्रेस अधिवेशन) और १९१८ (दिल्ली कांग्रेस अधिवेशन) में अधिवेशन के चार बार अध्यक्ष चुने गए। कांग्रेस ने 'नमक आंदोलन' के दौरान सन् १९३२ में दिल्ली-अधिवेशन तथा १९३३ में कलकत्ता-अधिवेशन के प्रधान घोषित किए गए, परंतु अंग्रेजी सरकार ने दोनों बार उनको अधिवेशन से पहले ही गिरफ्तार कर लिया।

सन् १९०६ में मालवीयजी ने 'हिंदू महासभा' की स्थापना की। वे तीन बार उसके प्रधान बने। मालवीयजी 'सनातन धर्म सभा', 'अखिल भारतीय सेवा-समिति', 'स्काउट एसोसिएशन' तथा कई धार्मिक और सामाजिक संस्थाओं के संस्थापक थे।

सन् १९०२ से १९०९ तक उत्तर प्रदेश कौंसिल के सदस्य, १९०९ से १९१२ तक केंद्रीय कौंसिल के सदस्य तथा १९२४ से १९३० तक केंद्रीय एसेंबली के सदस्य रहे। उनकी सबसे उत्कृष्ट उपलब्धि है बनारस हिंदू विश्वविद्यालय, जिससे मालवीयजी ने अथक परिश्रम और लगन से उन्नति के चरम शिखर तक पहुँचाया।

वे लगातार साठ वर्षों तक देश के धार्मिक, सामाजिक, राजनीतिक और साहित्यिक जगत् में छाए रहे। वे संस्कृत, हिंदी, अंग्रेजी और उर्दू भाषाओं के महान् ज्ञाता थे। वे गो-भक्त और गो-रक्षक थे। उन्होंने हिंदी व अंग्रेजी के कई दैनिक और साप्ताहिक समाचार-पत्र निकाले।

मालवीयजी हमेशा श्वेत वस्त्र धारण करते थे। १२ नवंबर, १९४६ को इस महान् तपस्वी, हिंदी व संस्कृत के अनन्य सेवक का निधन हो गया।

□

श्री अरविंद घोष

श्री अरविंद घोष का जन्म १५ अगस्त, १८७२ को हुआ था। सात वर्ष की अवस्था में ही उन्हें उच्च शिक्षा के लिए विलायत भेज दिया गया। उन्हें हिंदू संस्कारों से दूर रखने का प्रयास किया गया। किंग्स कॉलेज, कैंब्रिज से उन्होंने ट्रिपोस की परीक्षा उत्तीर्ण की। उन्होंने आई.ए.एस. की खुली परीक्षा सर्वोच्च अंकों में उत्तीर्ण की, परंतु उन्होंने सरकारी गुलामी करने से इनकार कर दिया।

सन् १९१३ में वे भारत लौट आए और बड़ौदा राज्य की सेवा में लग गए। भारत आकर वे समस्त वाड्मय (साहित्य) और संस्कृति के अध्ययन में रम गए। उन्होंने संस्कृत, बँगला, मराठी, गुजराती, हिंदी आदि वाड्मय का गहन अध्ययन किया। बड़ौदा कॉलेज में उन्होंने प्राध्यापक के रूप में कार्य करना आरंभ कर दिया। श्री अरविंद घोष ने भगिनी निवेदिता से भेंट की। कुछ समय बाद उन्होंने राजनीतिक जीवन में प्रवेश किया। सन् १९०२ से उन्होंने सक्रिय राजनीति में भाग लेना शुरू कर दिया।

बंग-भंग की घोषणा होने के बाद वे इस आंदोलन में कूद पड़े। सन् १९०७ में उनका एक उग्र पत्रकार रूप सामने आया। उन्होंने उसी समय 'वंदे मातरम्' नामक एक साप्ताहिक समाचार-पत्र निकाला। ब्रिटिश सरकार ने उनके ऊपर राजद्रोह का आरोप लगाया। श्री अरविंद बिना किसी चिंता के अपने काम में लगे रहे। सन् १९०८ में किंग्स फोर्ड हत्याकांड, अलीपुर बम-कांड में उन्हें गिरफ्तार कर लिया गया। जेल की यातनादायी कोठरी उनकी तपस्या की कुटी बन गई। कुछ समय बाद उन्हें जेल से मुक्ति मिल गई।

'कर्मयोगिन' तथा 'धर्म' नामक समाचार-पत्रों का उन्होंने सफल संपादन किया। ब्रिटिश शासन ने कुचक्र रचकर पुनः उन पर मुकदमा कर दिया। उन्होंने अंग्रेजों की मंशा को भाँप लिया था। वे तत्काल चुपके से चंद्रनगर और पांडिचेरी के लिए प्रस्थान कर गए। वहाँ वे योग-साधना में लीन हो गए। उन्होंने 'आर्य' नामक साप्ताहिक समाचार-पत्र का संपादन किया।

५ दिसंबर, १९४० को कर्मयोगी श्री अरविंद का निधन हो गया।

□

लौह पुरुष सरदार वल्लभभाई पटेल

सरदार वल्लभभाई पटेल का जन्म ३१ अक्तूबर, १८७४ को गुजरात के खेड़ा जिले में हुआ था। उनके पिता ने सन् १८५७ के स्वतंत्रता-संग्राम में भाग लिया था। वे बचपन से ही जुझारू प्रवृत्ति के व्यक्ति थे। उनके छात्र-जीवन में सभी उनसे परेशान रहते थे।

उच्च शिक्षा के लिए वे इंग्लैंड गए। वहाँ जाकर बैरिस्टर की पढ़ाई की और वहाँ से बैरिस्टर बनकर भारत लौटे। उनकी वकालत अच्छी चलती थी।

सन् १९१६ में वे गांधीजी के संपर्क में आए। वे गांधीजी को बहुत मानते थे। गांधीजी भी सरदार पटेल का बहुत सम्मान करते थे। सन् १९२८ में 'बारदोली सत्याग्रह' को सफल कैसे बनाया जाए—यह समस्या बनी हुई थी। वल्लभभाई ने इस ऐतिहासिक आंदोलन का सफल संचालन किया था। इससे उन्हें बहुत प्रसिद्धि मिली।

बात सन् १९२७ की है। किसानों की एक सभा हुई। उसमें निर्णय किया गया था कि बढ़ा हुआ लगान नहीं दिया जाएगा। बंदोबस्त अधिकारियों के आदेश से किसानों पर ३० प्रतिशत कर लगा दिया गया था। किसानों ने कई आवेदन-पत्र आदि दिए, किंतु सरकार पर इसका कोई प्रभाव नहीं पड़ा। अंत में आंदोलन की धमकी दे दी। इसके पूर्व वल्लभभाई पटेल ने किसानों को खूब ठोक-बजाकर देख लिया था।

१२ फरवरी, १९२८ को कर-भुगतान करने के लिए शासन ने अंतिम तारीख निर्धारित की। एक भी किसान कर देने के लिए नहीं पहुँचा। १२ फरवरी को किसानों की एक विशाल सभा हुई। उसमें सत्याग्रह करने का निर्णय किया गया। पटेल ने पूरे क्षेत्र को पाँच भागों में बाँट दिया। फिर आठ छावनियों का संगठन किया। उन्हीं दिनों पटेल ने 'सत्याग्रह समाचार' नामक एक दैनिक समाचार-पत्र का प्रकाशन शुरू किया। अंततः सरकार से समझौता हुआ। सत्याग्रहियों की विजय हुई। इस आंदोलन की सफलता पर उन्हें 'सरदार' की उपाधि मिली थी।

सन् १९१३ में वल्लभभाई पटेल को 'भारतीय राष्ट्रीय कांग्रेस' का अध्यक्ष चुना

गया। सन् १९४१ में अंतरिम सरकार में वे सम्मिलित हुए। उन्होंने गृह मंत्रालय, सूचना और प्रसारण-मंत्रालय का कार्यभार सँभाला। स्वतंत्र भारत में उन्हें उप-प्रधानमंत्री बनाया गया। अत्यंत संवेदनशील और विकट परिस्थितियों में उन्होंने भारत के गृह मंत्री तथा प्रांतों के मंत्रालयों का गुरुतर भार सँभाला। भारत की एकता, अखंडता के लिए उन्होंने अद्वितीय कार्य कर दिखाया।

१५ दिसंबर, १९५० को भारतीय जन-जन का प्यारा यह लौह पुरुष हमेशा-हमेशा के लिए हमसे दूर चला गया।

□

पं. गोविंद बल्लभ पंत

पं. गोविंद बल्लभ पंत का जन्म १० सितंबर, १८८७ को अल्मोड़ा जिले के एक छोटे से पर्वतीय गाँव खूँट में हुआ था। उनके पिता का नाम श्री मनोरथ पंत था। वे गढ़वाल जिले में एक राजकीय कर्मचारी थे। श्री मनोरथ पंत की आर्थिक स्थिति अच्छी नहीं थी, इस कारण वे अपने साथ अपना परिवार नहीं रख सकते थे। जब गोविंद मात्र चार वर्ष के थे तब उनकी माँ उन्हें लेकर अपने पिता रायबहादुर दत्त जोशी के पास अल्मोड़ा आ गईं।

बालक गोविंद की आरंभिक शिक्षा-दीक्षा अल्मोड़ा में ही हुई। वे एक मेधावी छात्र थे। उन्होंने कक्षा आठ और दस की परीक्षा प्रथम श्रेणी में उत्तीर्ण की थी। सन् १९०५ में रैंजे कॉलेज, अल्मोड़ा से इंटरमीडिएट की परीक्षा उत्तीर्ण की। अठारह वर्ष की अवस्था में उन्होंने सेंट्रल कॉलेज, इलाहाबाद में प्रवेश लिया। उन्हीं दिनों बंगाल-विभाजन के कारण भारतीय क्रांतिकारियों का खून उफान पर था। उस समय गोविंद 'मैक्डॉनल हिंदू बोर्डिंग हाउस' में रह रहे थे। वे भी इससे प्रभावित हुए।

फरवरी १९०७ में गोपालकृष्ण गोखले का इलाहाबाद में आगमन हुआ था। इस अवसर पर एक आम सभा का आयोजन किया गया। इस सभा की अध्यक्षता पं. मोतीलाल नेहरू ने की। गोखले का भाषण क्रांतिकारी था। उससे गोविंद बल्लभ बहुत प्रभावित हुए। उनके दिलो-दिमाग में देशभक्ति की भावना घर कर गई।

उन्होंने इलाहाबाद विश्वविद्यालय से विधि परीक्षा सर्वोच्च अंकों में उत्तीर्ण की। उन्हें स्वर्णपदक प्रदान किया गया। गोविंद बल्लभ पंत ने नैनीताल में वकालत शुरू कर दी। कुछ ही समय में वे कुमाऊँ के प्रसिद्ध अधिवक्ता (वकील) बन गए।

सन् १९२६ में जब काकोरी कांड के देशभक्तों पर मुकदमा चलाया गया तब पं. गोविंद बल्लभ पंत ने बचाव पक्ष के अधिवक्ता के रूप में निर्भीकता और देशप्रेम का परिचय दिया। नवंबर १९२६ में वे नैनीताल जिले से उत्तर प्रदेश विधान परिषद् के लिए चुने गए। उन्हीं के क्रांतिकारी कदमों के चलते ही ३१ मार्च, १९२८ को 'साइमन

कमीशन' को इंग्लैंड वापस लौटना पड़ा। ११ अक्तूबर, १९२८ को 'साइमन कमीशन' फिर भारत आया। इस बार गोविंद बल्लभ ने उसका पुरजोर विरोध किया। छह फीट लंबे शरीरवाले पं. गोविंद बल्लभ पंत को पुलिस ने लाठियों से बुरी तरह पीटा।

सन् १९३७ में पंतजी को उत्तर प्रदेश के कांग्रेस विधायक दल का नेता चुना गया। सन् १९४० में व्यक्तिगत सत्याग्रह के कारण पंतजी को बंदी बनाया गया। द्वितीय विश्वयुद्ध की समाप्ति पर उन्हें 'केंद्रीय संसदीय बोर्ड' का सदस्य चुना गया। उत्तर प्रदेश विधानसभा के लिए उन्हें पुनः चुन लिया गया। इस प्रकार वे उत्तर प्रदेश के मुख्यमंत्री बने।

दिसंबर १९४५ में पं. जवाहरलाल नेहरू ने उन्हें दिल्ली आने का निमंत्रण दिया। वहाँ उन्हें गृह मंत्रालय का कार्यभार सौंपा गया। इस तरह सन् १९५४ से १९६१ तक वे भारत के गृह मंत्री बने रहे। पंतजी संसद् की राजभाषा-समिति के अध्यक्ष भी रहे। सन् १९५७ में पंतजी को देश के सर्वोच्च नागरिक सम्मान 'भारतरत्न' से सम्मानित किया गया।

७ मार्च, १९६१ को पं. गोविद बल्लभ पंत का निधन हो गया।

□

मौलाना अबुल कलाम आजाद

मौलाना अबुल कलाम आजाद का जन्म १७ नवंबर, १८८८ को मक्का में हुआ था। उनके बचपन का नाम अहमद था। उनके पिता उन्हें 'फिराजबख्त' के नाम से पुकारते थे। 'फिराज़बख्त' का अर्थ होता है—'सौभाग्य' अथवा 'आशाओं का हीरा'। ये दोनों नाम उनके बचपन तक रहे। बड़े होने पर उनका नाम 'अबुल कलाम' हो गया। 'आजाद' उनका उपनाम था।

सत्रह वर्ष की अवस्था में वे उच्च शिक्षा प्राप्त करने के लिए मिस्र गए। काहिरा के अल-अजहर विश्वविद्यालय में उन्होंने दो वर्षों तक शिक्षा प्राप्त की।

सन् १९१२ में उन्होंने एक उर्दू साप्ताहिक 'अल हिलाल' का प्रकाशन और संपादन शुरू किया। उस पत्र द्वारा अबुल कलाम ने राष्ट्र को धार्मिक एकता और भाईचारे का संदेश दिया। उन्होंने निष्पक्ष और निर्भीक होकर पत्रकारिता-धर्म का पालन किया। सन् १९१५ में सरकार ने इस पत्र का प्रकाशन बंद करा दिया। उसके बाद उन्होंने सन् १९१६ में 'अल-बलाग' नामक पत्र का प्रकाशन और संपादन किया। वे 'अल-बलाग' के माध्यम से गोरी सरकार के खिलाफ आग उगलते रहे। कुछ ही महीने बाद 'अल-बलाग' के प्रकाशन पर सरकार ने रोक लगा दी। मौलाना को बंगाल से निर्वासित कर दिया गया। वे झारखंड के राँची शहर में जाकर रहने लगे। अंग्रेजों को इससे भी संतोष नहीं हुआ और सरकार ने उन्हें उनके घर में ही नजरबंद कर दिया। नजरबंदी के दौरान उन्होंने दो महत्त्वपूर्ण पुस्तकें लिखीं। पहली पुस्तक का नाम था—'गुब्बारे खातिर'। दूसरी कुरआन शरीफ पर लिखी गई टिप्पणी थी।

सन् १९२० में जेल से रिहा होने के बाद मौलाना कांग्रेस में शामिल हो गए। सन् १९२१ में कांग्रेस-सत्याग्रह में अन्य कांग्रेसियों के साथ वे भी गिरफ्तार कर लिये गए। सन् १९२३ में जब वे जेल से रिहा हुए तब कांग्रेस दो दलों में बँट चुकी थी—गरम और नरम दल।

सन् १९३० में मौलाना को कांग्रेस का अध्यक्ष बनाया गया। सन् १९४५ में वे पुनः

कांग्रेस अध्यक्ष के रूप में चुने गए। इस पद पर वे छह वर्षों तक बने रहे।

सन् १९४७ में देश के विभाजन और आजादी के पश्चात् मौलाना को भारत सरकार में शिक्षा मंत्री का पद-भार दिया गया। इस पद पर वे लगातार ग्यारह वर्षों तक रहे। उन्होंने अंतिम श्वास तक देश की सेवा की।

२२ फरवरी, १९५८ को उनका देहांत हो गया।

□

राजर्षि पुरुषोत्तमदास टंडन

राजर्षि पुरुषोत्तमदास टंडन का जन्म १ अगस्त, १८८२ को इलाहाबाद के अहियापुर नामक मुहल्ले में हुआ था। टंडनजी शुरू से ही लिखने-पढ़ने में बहुत तेज थे। हाई स्कूल की परीक्षा उत्तीर्ण करने के बाद उनका विवाह हो गया। वे क्रिकेट और शतरंज के बहुत अच्छे खिलाड़ी थे। इसके साथ ही उनकी राजनीति में भी गहरी दिलचस्पी थी।

कुछ समय तक टंडनजी ने इलाहाबाद में वकालत भी की। सन् १९०६ में कलकत्ता में आयोजित कांग्रेस के अधिवेशन में उन्होंने सक्रिय रूप से भाग लिया। सन् १९१४ में उन्हें नाभा रियासत के विधि सलाहकार के रूप में मनोनीत किया गया था। सन् १९१९ में वे इलाहाबाद नगरपालिका के चेयरमैन बनाए गए थे। सन् १९२३ में गोरखपुर में कांग्रेस का प्रांतीय अधिवेशन हुआ। टंडनजी को इसका अध्यक्ष बनाया गया।

सन् १९४६ में टंडनजी को प्रांतीय विधानसभा का सदस्य चुना गया। सन् १९५० में उन्हें 'अखिल भारतीय कांग्रेस कमेटी' का अध्यक्ष बनाया गया। वे बहुत ही स्वाभिमानी थे। किसी बात पर विवाद हो जाने पर उन्होंने 'अखिल भारतीय कांग्रेस कमेटी' के अध्यक्ष पद से त्याग-पत्र दे दिया।

उन्हें उत्तर प्रदेश में कृषक आंदोलन का जन्मदाता माना जाता है। सन् १९३० में उन्होंने 'केंद्रीय किसान संगठन' की स्थापना की थी। उन्होंने संगठन का काम अपने हाथों में लिया। किसान आंदोलन के सिलसिले में उन्हें जेल की सजा मिली।

२९ जुलाई, १९३७ को विधानसभा के समस्त सदस्यों ने एक स्वर में टंडनजी को अध्यक्ष चुना। १८ अगस्त, १९४२ को 'भारत छोड़ो आंदोलन' के दौरान पुरुषोत्तमदास टंडन को जेल की सजा हुई थी। उन्हें बरेली जेल में रखा गया। किंतु स्वास्थ्य खराब हो जाने के कारण उन्हें रिहा कर दिया गया।

सन् १९४८ में प्रसिद्ध संत देवरहा बाबा ने उन्हें 'राजर्षि' की उपाधि प्रदान की थी।

टंडनजी हिंदी के विकास के लिए जीवन भर लगे रहे। उन्होंने ही इलाहाबाद में

हिंदी विद्यापीठ की स्थापना की। टंडनजी उसके प्रथम आचार्य थे। वे इलाहाबाद से प्रकाशित होनेवाले पत्र 'अभ्युदय' के संपादक भी रहे।

सन् १९५२ में उन्हें इलाहाबाद क्षेत्र से लोकसभा का सदस्य चुना गया था। २७ अप्रैल, १९६१ को उन्हें देश के सर्वोच्च नागरिक सम्मान 'भारतरत्न' की उपाधि से सम्मानित किया गया।

१ जुलाई, १९६२ को इस महान् स्वतंत्रता सेनानी और समाज-सुधारक का निधन हो गया।

□

आचार्य नरेंद्रदेव

आचार्य नरेंद्रदेव भारत की अग्रिम पंक्ति के नेताओं में से एक थे।

उनका जन्म ३१ अक्तूबर, १८८९ को सीतापुर (उ.प्र.) में हुआ था। उन्होंने सन् १९०२ में स्कूल में प्रवेश लिया था और १९०४ में आठवीं कक्षा उत्तीर्ण की। सन् १९०६ में इलाहाबाद विश्वविद्यालय से इंटर की परीक्षा उत्तीर्ण की।

सन् १९०६ से १९११ तक वे इलाहाबाद में रहे। उस दौरान वे लोकमान्य बाल गंगाधर तिलक और डॉ. गंगानाथ झा से बहुत प्रभावित हुए। इलाहाबाद विश्वविद्यालय से उन्होंने बी.ए. की परीक्षा प्रथम श्रेणी में उत्तीर्ण की। एम.ए. की परीक्षा उन्होंने वाराणसी के क्वींस कॉलेज से उत्तीर्ण की। इलाहाबाद से ही उन्होंने वकालत की डिग्री प्राप्त की।

नरेंद्रदेव प्रमुख रूप से सोशलिस्ट पार्टी के कार्यकर्ता थे। सन् १९४१ में सोशलिस्ट पार्टी कांग्रेस से अलग हो गई। वे भी कांग्रेस से अलग हो गए। सन् १९२१ के असहयोग आंदोलन के चलते उन्हें वकालत का पेशा छोड़ना पड़ा था। आगे चलकर काशी विश्वविद्यालय के खुलते ही वे उसमें अध्यापक हो गए।

नरेंद्रदेव प्रदेश कांग्रेस संगठन में बहुत रुचि लिया करते थे। सन् १९२६ में वे काशी विद्यापीठ के अध्यक्ष बने।

भारत की आजादी की लड़ाई में उनका बहुत ही महत्त्वपूर्ण योगदान रहा। स्वतंत्रता-आंदोलन के दौरान सन् १९३०-३१ और १९३२ में वे जेल गए थे। सन् १९३४ में कांग्रेस सोशलिस्ट पार्टी का प्रथम अधिवेशन हुआ। आचार्य नरेंद्रदेव को उस अधिवेशन का अध्यक्ष बनाया गया था। सन् १९३७ के आम चुनाव में वे उत्तर प्रदेश विधानसभा के लिए चुने गए थे। उस समय वे प्रदेश कांग्रेस के अध्यक्ष थे।

सन् १९४१ में क्रांतिकारी आंदोलन में भाग लेने के कारण उन्हें गिरफ्तार कर लिया गया, किंतु दिसंबर १९४१ में जेल से मुक्त कर दिया गया था। रिहाई के बाद गांधीजी ने उन्हें अपने पास बुला लिया।

किसानों की भलाई के लिए उन्होंने कई कार्य किए। सन् १९३१ और १९४२ में

उन्होंने 'अखिल भारतीय किसान सम्मेलन' की अध्यक्षता की। सन् १९५४ में वे 'प्रजा सोशलिस्ट पार्टी' के अध्यक्ष बने।

१९ फरवरी, १९५६ को आचार्य नरेंद्र देव का निधन हो गया।

□

चंद्रशेखर आजाद

महान् स्वतंत्रता सेनानी चंद्रशेखर आजाद का जन्म मध्य प्रदेश के झाबुआ जिले में हुआ था। उन्होंने वाराणसी से संस्कृत पाठशाला में प्राथमिक शिक्षा प्राप्त की। युवा अवस्था से पूर्व ही उनको असहयोग आंदोलन में सक्रिय रूप से भाग लेने के कारण गिरफ्तार कर लिया गया। उनकी साहसिकता, देशभक्ति और निडरता का पता उनके जीवन में घटी इस घटना से चलता है।

चंद्रशेखर आजाद को न्यायालय ले जाया गया। मजिस्ट्रेट ने उनसे पूछा—

"तुम्हारा नाम?"

"आजाद।"

"पिता का नाम?"

"स्वतंत्रता।"

"तुम्हारा घर कहाँ है?"

"जेलखाना।"

चंद्रशेखर आजाद के निर्भीकतापूर्ण उत्तर सुनकर मजिस्ट्रेट बौखला गया। उसने चंद्रशेखर को तत्काल पंद्रह बेंत लगाने का आदेश दिया। चंद्रशेखर को बालक जानकर बेंत लगाए जाने के लिए बाँधा जाने लगा। तब उन्होंने कहा, "बाँधते क्यों हो? बेंत लगाओ!" चंद्रशेखर आजाद पर लगातार बेंत के प्रहार होने लगे। वे प्रत्येक प्रहार पर 'वंदे मातरम्', 'गांधीजी की जय' बोलते रहे।

असहयोग आंदोलन में सम्मिलित होकर वे रामप्रसाद 'बिस्मिल' के बहुत करीब आ गए। 'बिस्मिल' के नेतृत्व में 'हिंदुस्तानी रिपब्लिकन एसोसिएशन' नामक संगठन से अपने को जोड़ लिया था। उसके बाद चंद्रशेखर आजाद भारतीय स्वतंत्रता संग्राम में कूद पड़े।

सन् १९२८ में 'रिपब्लिकन आर्मी' की स्थापना हुई थी। आजाद को उसका कमांडर बनाया गया। वायसराय की रेल को बम से उड़ा देने की कोशिश तथा असेंबली

में बम फेंकने के जुर्म में भगत सिंह, राजगुरु और सुखदेव आदि को फाँसी की सजा सुनाई गई थी। आजाद अंग्रेज सरकार के हाथ न लगे। इस बीच किसी मुखबिर की सूचना पर पुलिस सुपरिंटेंडेंट नॉट बावर ने एल्फ्रेड पार्क (अब कंपनी बाग) इलाहाबाद में उन्हें घेर लिया। आजाद पूरी शक्ति से अपनी पिस्टल 'माउजर' से नॉट बावर पर गोलियाँ चलाते रहे। जब उनके पिस्टल में मात्र एक गोली बची तब उसे अपनी कनपटी में मारकर वह शहीद हो गए। भारत माँ का यह अमर सपूत सदा-सदा के लिए हमसे दूर चला गया।

□

सरदार भगत सिंह

भगत सिंह का जन्म २८ सितंबर, १९०७ को लायलपुर जिले के बंगा नामक गाँव में हुआ था। (यह स्थान अब पाकिस्तान का हिस्सा है।) भगत सिंह का परिवार हमेशा से अपनी देशभक्ति के लिए प्रसिद्ध रहा।

गाँव के ही स्कूल में उन्हें प्रारंभिक शिक्षा मिली। लिखने-पढ़ने में भगत बहुत तेज थे। उनके साथ के छात्र उन्हें बहुत चाहते थे। आगे की शिक्षा के लिए वे लाहौर चले गए।

सन् १९१९ में घटित जलियाँवाला बाग हत्याकांड से वे बहुत क्षुब्ध हुए। घटना के अगले दिन वे स्कूल नहीं गए बल्कि उस दिन जलियाँवाला बाग पहुँच गए थे। वहाँ उन्होंने एक बोतल में उस गीली मिट्टी को भर लिया था, जो निर्दोष भारतीयों के लहू से सन गई थी। उस समय भगत सिंह की अवस्था बारह वर्ष की थी। उसी घटना के बाद से भगत सिंह में एक क्रांतिकारी परिवर्तन आया। उन्होंने पढ़ाई छोड़ दी। वे आजादी की लड़ाई में सक्रिय हो गए।

उनके जीवन का एकमात्र उद्देश्य देश को आजाद कराना था। घर छोड़कर चले गए। दिल्ली में उनका परिचय चंद्रशेखर आजाद से हुआ।

'साइमन कमीशन' का विरोध करनेवाले नेता लाला लाजपत राय की लाठियों के प्रहारों से कुछ दिन बाद मौत हो गई। इसके जिम्मेदार सांडर्स नामक पुलिस सार्जेंट को मारकर भगत सिंह ने बदला ले लिया। भगतसिंह और आजाद दोनों ने मिलकर सांडर्स की हत्या कर दी थी।

अप्रैल १९२९ में 'सेंट्रल असेंबली' का अधिवेशन दिल्ली में हो रहा था। उसका विरोध करने के लिए भगत सिंह, सुखदेव और बटुकेश्वर दत्त ने बम फेंके थे। उसी बीच उन्होंने दर्शकों की दीर्घा (गैलरी) से 'लाल रंग' के परचे गिराए। उसमें गोरी सरकार की निंदा की गई थी। उसी घटना के दौरान तीनों ने अपने आप गिरफ्तारियाँ दीं। मुकदमा चला। निर्णय सुनाया गया कि तीनों को २४ मार्च, १९३१

को फाँसी दी जाएगी; किंतु निश्चित तारीख से एक दिन पूर्व (२३ मार्च को) ही तीनों क्रांतिकारियों को फाँसी दे दी गई। इस तरह ये महान् क्रांतिकारी देश-हितार्थ प्राण न्योछावर करके समस्त देशवासियों में आजादी की चेतना जगा गए और युवा वर्ग के प्रेरणा स्रोत बन गए।

□

पं. रामप्रसाद 'बिस्मिल'

महान् क्रांतिकारी पं. रामप्रसाद 'बिस्मिल' का जन्म शाहजहाँपुर में ज्येष्ठ शुक्ल पक्ष एकादशी विक्रम संवत् १९५४ को हुआ था। उनकी आरंभिक शिक्षा गाँव में ही एक स्कूल में हुई। बचपन में रामप्रसाद शरारती किस्म के बालक थे। स्कूल में तो रामप्रसाद 'बिस्मिल' पढ़ नहीं पाए, किंतु घर में स्वाध्याय में लगे रहे। घुड़सवारी, तैराकी, साइकिल चलाना, व्यायाम व योगासन में उनकी बहुत रुचि थी। आगे चलकर उन्होंने विभिन्न भाषाओं का गहरा अध्ययन किया। हिंदी, बँगला और अंग्रेजी का रामप्रसाद 'बिस्मिल' ने अच्छा ज्ञान प्राप्त किया। रामप्रसाद 'बिस्मिल' ने 'अमेरिका को स्वतंत्रता कैसे मिली', 'स्वदेश रंग' आदि पुस्तकों का प्रणयन किया। उन्होंने बँगला पुस्तक 'निहलिस्ट रहस्य' का अनुवाद किया। कर्मयोगी अरविंद घोष की पुस्तक 'योग-साधना' का अनुवाद भी रामप्रसाद 'बिस्मिल' ने किया।

सन् १९१६ में लखनऊ में कांग्रेस अधिवेशन का आयोजन हुआ। उस आयोजन में शामिल होने के लिए वे लखनऊ पहुँचे। वहीं उनका परिचय श्री गेंदालाल दीक्षित से हुआ। गेंदालाल उस समय के प्रमुख क्रांतिकारी नेता थे। उन्हीं दिनों मैनपुरी षड्यंत्र कांड हुआ। उस कांड में पुलिस को रामप्रसाद 'बिस्मिल' की तलाश थी। वह चरवाहे की वेशभूषा में जानवर चराया करते थे और समय निकालकर साहित्य-सृजन किया करते थे।

क्रांतिकारी आर्थिक रूप से कमजोर थे। उन्होंने अपनी स्थिति मजबूत करने के लिए डकैती डालने की योजना बनाई। उसके नेता थे रामप्रसाद 'बिस्मिल'। ९ अगस्त, १९२५ को सहारनपुर-लखनऊ पैसेंजर ट्रेन से जानेवाले खजाने को 'काकोरी' नामक स्टेशन पर लूट लिया गया। वह डकैती क्रांतिकारियों के लिए बहुत महँगी पड़ी। रामप्रसाद 'बिस्मिल' और उनके नौ साथियों को गिरफ्तार कर लिया गया। मुकदमा चला और चार क्रांतिकारियों को फाँसी पर लटका दिया गया।

१९ दिसंबर, १९२६ को भारत माता के इस अमर सपूत ने फाँसी के फंदे को चूमकर अपने प्राणों की आहुति दे दी।

□

अशफाक उल्लाह खाँ

अशफाक उल्लाह खाँ का जन्म उत्तर प्रदेश के शाहजहाँपुर में हुआ था। बालक अशफाक बचपन से ही साहसिक कार्यों में रुचि लेने लगे थे। घुड़सवारी, तैराकी, शिकार आदि में अशफाक की गहरी रुचि थी।

उनका पूरा नाम अशफाक उल्लाह खाँ वारसी था। अशफाक ने सरकार को हिलाकर रख दिया था। अशफाक के नाम से ही सरकार थरथर काँपती थी। क्रांति-युग के महान् सेनानी के रूप में अशफाक उल्लाह का नाम भारत के स्वतंत्रता-संग्राम के इतिहास में प्रसिद्ध है। उनके लिए सब धर्म और मंदिर-मसजिद, बराबर थे। अशफाक कितने महान थे, इस घटना से आप समझ सकते हैं।

अशफाक जेल की काल कोठरी में फाँसी के दिन का इंतजार कर रहे थे। उनसे डी.वाई.एस.पी. (सी.आई.डी.) तसद्दुक हुसैन आकर मिले और बोले, ''देखो अशफाक, हम-तुम दोनों मुसलमान हैं। काफिर रामप्रसाद 'बिस्मिल' आर्यसमाजी है। हमारे मजहब का जानी दुश्मन है। तुम सबका साथ छोड़कर क्रांतिकारियों के बारे में सबकुछ बता दो। हम तुम्हें इज्जत देंगे, शोहरत देंगे।'' यह सुनकर अशफाक का चेहरा तमतमा गया। वह डी.वाई.एस.पी. को डाँटते हुए बोले, ''खबरदार! जो इस तरह की फिर कभी बातें कीं। पंडितजी 'बिस्मिल' सच्चे हिंदुस्तानी हैं। आपने पंडितजी को काफिर कहा है, आप तुरंत मेरे सामने से चले जाइए!''

अशफाक 'काकोरी कांड' के अभियुक्त थे। उसी अभियोग में उन्हें फाँसी की सजा सुनाई गई थी। 'काकोरी केस' अपने समय का 'सबसे बड़ा क्रांतिकारी मुकदमा' था। इस संबंध में दो मुकदमे चले थे—पहला प्रधान मुकदमा और दूसरा पूरक मुकदमा। पूरक मुकदमा अशफाक उल्लाह खाँ और शरतनाथ बख्शी को लेकर चला था। अशफाक उल्लाह खाँ क्रांतिकारी धर्म का निर्वाह करते हुए १५ दिसंबर, १९२७ को फैजाबाद जेल में खुशी-खुशी फाँसी के तख्ते पर झूल गए।

□

खुदीराम बोस

खुदीराम बोस का जन्म ३ दिसंबर, १८८९ को मिदनापुर जिले के बहुवेनी गाँव (बंगाल) में हुआ था। खुदीराम जब छह वर्ष के थे तब उनके माता-पिता की मृत्यु हो गई थी। ऐसे में उनकी बड़ी बहन अनुरूपा देवी तथा बहनोई अमृतलाल ने खुदीराम का पालन-पोषण किया।

जब बालक खुदीराम आठ वर्ष के थे तभी उनके मन में विचार आया—भारत मेरा देश है। बंकिमचंद्र के 'वंदे मातरम्' नामक राष्ट्रीय और 'आनंदमठ' नामक उपन्यास से खुदीराम बहुत प्रभावित हुए। वे 'वंदे मातरम्' के प्रसार-कार्य में जुट गए।

एक ओर 'वंदे मातरम्' का घोष होने लगा, दूसरी ओर दमन की नीति शुरू हो गई। अंततः 'वंदे मातरम्' का घोष करना 'राजद्रोह' घोषित कर दिया गया।

उन दिनों किंग्स फोर्ड नाम का अंग्रेज मजिस्ट्रेट था। उसने कई निर्दोष भारतीयों को कठोर सजा दी थी। सन् १९०८ की बात है। क्रांतिकारियों ने किंग्स फोर्ड की हत्या की योजना बनाई। हत्या को अंजाम देने के लिए खुदीराम बोस और प्रफुल्ल कुमार चाकी सामने आए। ३० अप्रैल, १९०८ की घटना है। रात का समय था। खुदीराम और प्रफुल्ल चाकी घात लगाए बैठे रहे। तभी किंग्स फोर्ड के बँगले से एक घोड़ागाड़ी निकली। गाड़ी पास आते ही प्रफुल्ल को भाग जाने का संकेत करते हुए खुदीराम ने बम फेंका। एक धमाके के साथ विस्फोट हुआ। संयोग से जिस गाड़ी में बम फेंका गया, उसमें किंग्स फोर्ड नहीं था। उसमें उसके अतिथि थे। सभी की मृत्यु हो गई थी।

बम फेंकने के बाद खुदीराम भी भाग निकले। घटना के तीसरे दिन खुदीराम के सहयोगी प्रफुल्ल चाकी ने पुलिस द्वारा पकड़े जाने के भय से पिस्टल से गोली मारकर आत्महत्या कर ली। प्रफुल्ल जीते-जी अपने शरीर का स्पर्श अंग्रेजों को करने देना नहीं चाहते थे। दूसरी ओर, खुफिया तंत्र की मदद से खुदीराम बोस गिरफ्तार कर लिये गए। उन पर मुकदमा चलाया गया और अंततः उन्हें फाँसी की सजा सुनाई गई।

१९ अगस्त, १९०८ को सुबह छह बजे अत्याचारी अंग्रेज सरकार द्वारा खुदीराम बोस को फाँसी दे दी गई। 'वंदे मातरम्' के उद्घोष के साथ भारत माता का एक और लाडला अपने प्राण न्योछावर कर शहीद हो गया।

□

लाला लाजपत राय

लाला लाजपत राय का जन्म २८ जनवरी, १८६५ को उनके नाना के घर हुआ था। उनके पिता का नाम मुंशी राधाकिशन गर्ग था।

लालाजी सामाजिक गतिविधियों में सक्रिय तो थे ही, राजनीतिक गतिविधियों में भी खुलकर भाग लेना शुरू कर दिया। अंग्रेजों ने एक साजिश के तहत बंगाल-विभाजन की रूपरेखा तैयार की। ऐसे समय में बंगाल से बिपिनचंद्र पाल, महाराष्ट्र से लोकमान्य बाल गंगाधर तिलक और पंजाब से लाला लाजपत राय ने विरोध का स्वर मुखर किया। उसी आंदोलन के दौरान 'लाल-बाल-पाल'—यह त्रिमूर्ति भारत के लिए 'सत्यं-शिवं-सुंदरम्' के रूप में उभरी। यहीं से इस त्रिमूर्ति ने कांग्रेस को नया तेवर प्रदान किया। उन्हीं दिनों लाला लाजपत राय ने अपनी सारी संपदा राष्ट्र सेवार्थ दान कर दी। उसी समय उन्होंने दो संस्थाएँ गठित कीं। एक का नाम था—'सर्वेंट्स ऑफ पीपुल सोसाइटी' और दूसरी का नाम था—'तिलक स्कूल ऑफ पॉलिटिक्स'।

उन्हीं दिनों अंग्रेजी सरकार के खिलाफ एक आंदोलन शुरू हुआ। ९ मई, १९०७ को लाला लाजपत राय को गिरफ्तार कर लिया गया था। उन्हें 'देश निकाला' देकर बर्मा के मांडले जेल में बंद कर दिया गया।

लालाजी ने इंग्लैंड में भारतीय स्वतंत्रता-आंदोलन के समर्थन में प्रचार करने के उद्देश्य से 'इंडियन होम रूल लीग' की स्थापना की। उन्होंने 'आत्म-निर्णय' तथा 'भारत का इंग्लैंड पर ऋण' पुस्तकें लिखीं।

३० अक्तूबर, १९२८ को 'साइमन कमीशन' लाहौर पहुँचा। वहाँ लाला लाजपत राय के नेतृत्व में भारतीयों ने 'साइमन कमीशन वापस जाओ' के नारे लगाकर प्रबल विरोध किया। अंग्रेज अधिकारियों ने लाला लाजपत राय को लाठियों से बुरी तरह पीटा। घाव इतने गहरे थे कि १७ नवंबर, १९२८ को लाला लाजपत राय की मृत्यु हो गई। □

नेताजी सुभाषचंद्र बोस

सुभाषचंद्र बोस का जन्म २३ जनवरी, १८९७ को कटक (उड़ीसा) में हुआ था। सन् १९१३ में उन्होंने कलकत्ता विश्वविद्यालय की मैट्रिक परीक्षा द्वितीय स्थान प्राप्त करते हुए उत्तीर्ण की। सन् १९१४ में मन की शांति के लिए वे हरिद्वार चले गए; किंतु कुछ समय बाद वापस लौट आए।

सन् १९१६ की एक घटना है। प्रेसीडेंसी कॉलेज, कलकत्ता के एक अध्यापक ओटन ने भारतीयों के लिए कुछ अपशब्द कहे। इस पर सुभाषचंद्र बोस को बहुत क्रोध आया। उन्होंने ओटन के गाल पर दो-चार तमाचे जड़ दिए। इस कारण उन्हें कॉलेज से निकाल दिया गया।

सन् १९१९ में उन्होंने बी.ए. ऑनर्स की परीक्षा ससम्मान उत्तीर्ण की थी—श्रेणी प्रथम थी और स्थान चतुर्थ। सन् १९२१ में कैंब्रिज विश्वविद्यालय से दर्शन शास्त्र में ऑनर्स की परीक्षा उत्तीर्ण की। कुछ दिनों तक उन्होंने सरकारी सेवा भी की, किंतु निजी स्वतंत्रता में बाधक बनने के कारण उन्होंने नौकरी छोड़ दी। आगे चलकर उनकी मुलाकात महात्मा गांधी से हुई। दोनों ने एक-दूसरे के विचार पसंद किए। सन् १९२१ में सुभाषचंद्र बोस को असहयोग आंदोलन में भाग लेने के लिए गिरफ्तार कर लिया गया। उन्हें छह माह की जेल की सजा हुई। सजा पूरी होने के बाद उन्हें कारागार से मुक्त कर दिया गया। फिर तो जेल आना-जाना उनका कर्म-दंड बन गया। २९ जनवरी, १९३१ को सुभाषचंद्र बोस को 'अखिल भारतीय राष्ट्रीय कांग्रेस' का अध्यक्ष चुना गया। सन् १९४० में वे कांग्रेस की नीतियों से खिन्न हो गए थे। उनकी यह खिन्नता आगे चलकर बड़ी प्रभावकारी सिद्ध हुई। स्वतंत्रता संग्राम में अत्यधिक सक्रियता के कारण अंग्रेज सरकार ने उन्हें उनके घर में ही नजरबंद कर दिया था। २७ जनवरी, १९४१ को यह बात पता चली कि सुभाष कलकत्ता स्थित निवास से रहस्यपूर्ण ढंग से न जाने कहाँ चले गए। वहाँ से वह काबुल होते हुए बर्लिन और टोकियो गए।

वहाँ रहकर उन्होंने गोरी हुकूमत के विरुद्ध युद्ध के लिए भारतीयों को संगठित

किया। २१ अक्तूबर, १९४३ को उन्होंने 'आजाद हिंद फौज' का गठन किया। उन्होंने अपनी सेना को कूच का आदेश दिया और कहा, 'दिल्ली चलो।' आजाद हिंद फौज भारत की सीमा तक आ पहुँची और अंग्रेजी सेना से प्रत्येक लड़ाई लड़ते हुए आगे बढ़ रही थी। इसी दौरान जापान की हार होने लगी और फिर सेना को पर्याप्त सहायता न मिल सकी। नेताजी ने अपनी स्वतंत्र सरकार गठित की थी और अपने स्वतंत्र रेडियो से भारतवासियों को संबोधित भी किया। देशवासियों से उन्होंने आह्वान किया—'तुम मुझे खून दो, मैं तुम्हें आजादी दूँगा।'

१८ अगस्त, १९४५ को एक विमान दुर्घटना में उनकी मृत्यु हो गई।

□

रानी लक्ष्मीबाई

रानी लक्ष्मीबाई का जन्म १९ नवंबर, १८३५ को हुआ था। उनका बचपन का नाम मनु था।

सन् १८४२ में झाँसी के महाराजा गंगाधर राव के साथ मनु का विवाह हुआ था। इस तरह मनु रानी लक्ष्मीबाई बन गईं। सन् १८५१ में महाराजा गंगाधर राव और महारानी लक्ष्मीबाई के एक संतान हुई, किंतु तीन महीने के भीतर ही उस बालक की मृत्यु हो गई। सन् १८५३ में रानी लक्ष्मीबाई ने एक बालक को गोद ले लिया। उस बालक का नाम आनंद राव था। गोद लिये जाने के बाद उस बालक का नाम 'दामोदर राव' रखा गया।

२१ नवंबर, १८५३ को राजा गंगाधर राव की मृत्यु हो गई। तब लक्ष्मीबाई की अवस्था अठारह वर्ष की थी। उस समय लॉर्ड डलहौजी भारत का गवर्नर जनरल था। उसने एक हड़प नीति लागू की थी। नीति के अनुसार, यदि संतानहीन रहते हुए राजा की मृत्यु हो जाएगी तब वह राज्य अंग्रेजी शासन में मिला लिया जाएगा।

रानी लक्ष्मीबाई ने सरकार से निवेदन किया कि उनके दत्तक पुत्र को महाराज के उत्तराधिकारी के रूप में स्वीकार किया जाए। तीन माह बीत गए, डलहौजी का कोई उत्तर नहीं आया। मार्च १८५४ में डलहौजी का पत्र आया। उस पत्र में कहा गया था कि उत्तराधिकारी को गोद लेने के लिए स्वर्गीय महाराज गंगाधर राव के अधिकार को कंपनी अपनी अनुमति नहीं देती। इस प्रकार झाँसी को ब्रिटिश राज्य में मिलाने का निर्णय किया गया है। अब रानी को किला खाली कर देना चाहिए और अपने नगर स्थित महल में चले जाना चाहिए। उन्हें प्रतिमाह ५ हजार रुपए पेंशन दी जाएगी। पत्र पढ़ने के बाद रानी उबल पड़ीं, "मैं अपनी झाँसी नहीं दूँगी!" अपने निर्णय के अनुसार अंग्रेजों ने शासन पर अधिकार कर लिया। इससे रानी अत्यंत क्रुद्ध हुईं। उन्होंने दस माह में अंग्रेजों से झाँसी छीन ली। इस पर सर ह्यूरोज के नेतृत्व में अंग्रेजी सेना ने युद्ध की घोषणा कर दी। रानी युद्ध की तैयारी पहले ही कर चुकी थीं। वे इतनी सहजता से झाँसी को छोड़ देनेवाली नहीं थीं। तात्या टोपे और नाना साहब की मदद से सेना संगठित की गई। अंग्रेजी सेना ने झाँसी

को चारों ओर से घेर लिया। रानी ने अपनी दासियों को भी युद्ध विद्या में पारंगत कर दिया था, अतः दासियाँ भी रानी के साथ लड़ मरने के लिए युद्धक्षेत्र में आ डटीं। १८ जून, १८५८ को युद्ध शुरू हो गया था। रानी लक्ष्मीबाई ने चंडी का रूप धारण कर लिया था। उन्होंने घोड़े की लगाम मुँह से थामकर दोनों हाथों से तलवारें उठाईं। रानी जिधर भी निकल पड़तीं उधर ही मैदान साफ हो जाता। रानी की तलवार बिजली-सी चमक रही थी। अचानक रानी का घोड़ा एक नाले के पास अड़ गया। अंग्रेज चारों ओर घिर आए। अंततः महारानी वीरतापूर्वक लड़ते हुए शहीद हो गईं।

□

तात्या टोपे

तात्या टोपे का जन्म सन् १८१४ में हुआ था। उनका पूरा नाम 'रघुनाथ राव पांडु यवलेकर' था। सन् १८१८ में पेशवाई सूर्य अस्त हो चुका था। अंग्रेजों द्वारा पेशवा बाजीराव को आठ लाख रुपए पेंशन देकर कानपुर के निकट बिठूर भेज दिया गया था। उस समय बालक रघुनाथ की अवस्था मात्र चार वर्ष की थी। पेशवा के दत्तक पुत्र नाना साहब के साथ ही उनका पालन-पोषण हुआ। नाना साहब के बाल सखा होने के कारण दोनों में अटूट प्रेम था। यही कारण था कि क्रांति के समय भी तात्या टोपे पेशवा के दाहिने हाथ बने रहे।

जून १८५८ से लेकर १८५९ तक तात्या टोपे अंग्रेजों के विरुद्ध पूरी शक्ति से लड़ते रहे। कभी उनके पास तोपें होतीं तो कभी एक बंदूक भी न रहती। सेना के नाम पर कुछ मुट्ठी भर साथी रह जाते।

ग्वालियर की पराजय के बाद तात्या टोपे ऊबड़-खाबड़ भूभागों में अंग्रेजी सेना का सामना करते रहे। बिना युद्ध सामग्री के, बिना किसी विश्राम के अपनी सेना सहित एक स्थान से दूसरे स्थान पर अंग्रेजी सेना को छकाते हुए तात्या टोपे घूमते रहे। सीकर के युद्ध के बाद तात्या का भाग्य-सूर्य अस्त हो गया। राव साहब और फिरोजशाह उनका साथ छोड़ गए। निरुपाय होकर उन्होंने तीन-चार साथियों के साथ नरवर राज्य में पारोण के जंगलों में अपने मित्र मानसिंह के पास जाकर शरण ली।

७ अप्रैल, १८५९ को तात्या टोपे राजा मानसिंह के विश्वासघात के कारण मेजर मींड़ द्वारा गिरफ्तार कर लिये गए। उस समय उनके पास एक घोड़ा, एक खुखरी और संपत्ति के नाम पर ११८ मुहरें थीं। बंदी अवस्था में तात्या टोपे को सीप्री लाया गया। वहाँ पर एक सैनिक अदालत में उन पर मुकदमा चलाया गया और उन्हें प्राणदंड दिया गया।

१८ अप्रैल, १८५९ की शाम ५ बजे तात्या को फाँसी के तख्ते पर लाया गया। वहाँ वे अपने आप ही फाँसी के तख्ते पर चढ़ गए और अपने ही हाथों फाँसी का फंदा गले में डाल लिया और फिर भारत माता का यह रणबाँकुरा, फाँसी के फंदे पर झूल गया।

□

मंगल पांडे

मंगल पांडे का जन्म १९ जुलाई, १९२७ को फैजाबाद के 'सुरहुरपुर' नामक गाँव में हुआ। बहुत लोगों का मानना है कि मंगल पांडे का जन्म 'नगवा' नामक गाँव में हुआ था। यह गाँव बलिया जिले के अंतर्गत आता है।

मंगल पांडे ने किसी स्कूल में पढ़ाई नहीं की। उनके दादा उन्हें लिखाया-पढ़ाया करते थे। भारतवासियों पर अंग्रेजों द्वारा ढाए गए जुल्मों से वे तंग आ चुके थे। वे अपने बड़े होने की प्रतीक्षा में थे।

मंगल पांडे १० मई, १८४१ को ईस्ट इंडिया कंपनी की सेना में भरती हुए। वे बंगाल आर्मी के एक साधारण सिपाही थे। वे उन्नीसवीं और चौंतीसवीं रेजीमेंट के सिपाही थे। मंगल अंग्रेजों की गलत नीतियों का सदैव विरोध करते थे। बैरकपुर और बुरहानपुर के रेजीमेंटों की गतिविधियों से भारतीय सिपाही संतुष्ट न थे। रेजीमेंटों में हिंदू-मुसलमान, दोनों तरह के सिपाही थे। अंग्रेजों ने ऐसी कारतूस बनाई थी, जिससे हिंदू और मुसलमान दोनों के धर्म नष्ट हो जाते। वे कारतूस सुअर और गाय की चरबी से तैयार किए गए। उन कारतूस को बिना गीला किए बंदूक में नहीं भरा जा सकता था। जब उन्हें अंग्रेजों की इस चाल का पता चला तब दोनों धर्म के सिपाही भड़क उठे।

२९ मार्च, १८५७ को मंगल पांडे ने बैरकपुर में अंग्रेजों के खिलाफ पहली गोली चलाई थी। तब वे छब्बीस वर्ष दो माह नौ दिन के युवक थे। भारतीय स्वतंत्रता-संग्राम के इतिहास में अंग्रेजों के खिलाफ वह पहली गोली चली थी। इस तरह क्रांति की शुरुआत हो गई थी।

सुनियोजित ढंग से मंगल पांडे और उसके सहयोगी सिपाही अपनी बैरक से बाहर आ गए। उन्होंने सार्जेंट मेजर जेम्स थर्नटन ह्यूसन, लेफ्टिनेंट और एडजुटेंट वेंपडे हेनरी पर गोलियाँ चलाईं। जनरल हेरसे भी सामने आया, किंतु उन्होंने उस पर गोलियाँ नहीं चलाईं। उन्होंने खुद को गोली मार ली। उन्हें गिरफ्तार कर लिया गया। १८५७ के स्वतंत्रता संग्राम की तैयारियाँ अंदर-अंदर चल रही थीं, मंगल पांडे के उतावलेपन से

यह योजना अंग्रेजों के हाथ लग गई और उन्होंने इस संग्राम को कुचलने की पूरी तैयारी कर ली।

मंगल पांडे पर मुकदमा चलाया गया। उन्हें फाँसी की सजा सुनाई गई। ८ अप्रैल, १८५७ को भारतीय क्रांतिकारी मंगल पांडे को फाँसी दे दी गई।

□

वीर कुँवर सिंह

वीर कुँवर सिंह का जन्म बिहार के भोजपुर जिले के जगदीशपुर नामक गाँव में हुआ था। कुछ इतिहासकार उनकी जन्म-तारीख १२ अप्रैल, १७८२ बताते हैं तो कुछ १७७८ के लगभग मानते हैं। उनके यहाँ जमींदारी चलती थी।

सन् १८२६ में कुँवर सिंह पर अपने पैतृक जमींदारी सँभालने का दायित्व आ पड़ा। उन्हें जमींदारी से प्रतिवर्ष ६ लाख रुपए नकद की आमदनी हो जाया करती थी। कुँवर सिंह शुरू में अंग्रेजों की कपटपूर्ण चाल को नहीं समझ सके। जब उन्होंने अंग्रेजों की द्वेषपूर्ण नीति को समझा तब उन्हें बहुत क्रोध आया। उन्हीं दिनों कुँवर सिंह ने अंग्रेजों के विरुद्ध कई क्रांतिकारी संगठनों को जन्म दिया। विश्व के इतिहास में यह पहली घटना थी, जिसमें अस्सी वर्ष के एक वयोवृद्ध सेनानी ने तलवार लेकर अंग्रेजों को ललकारा था।

२६ जुलाई, १८५७ की घटना है। कैप्टन सी. डनबर के नेतृत्व में सोन नदी पार ४५० सिपाही किनारे पहुँचे। वे आगे बढ़े, तभी विद्रोहियों ने गोलियाँ चलानी शुरू कर दीं, जिसमें कैप्टन सी. डनबर मारा गया। यह सारी योजना कुँवर सिंह की सूझ-बूझ से संपन्न हुई। कुँवर सिंह ने जगदीशपुर के गढ़ में हथियार और गोला-बारूद बनाने का एक कारखाना खोल रखा था। मेजर आयर ने जगदीशपुर पर आक्रमण करने की योजना बनाई।

१२ अगस्त, १८५७ को कुँवर सिंह के किले पर अंग्रेजों ने अधिकार कर लिया। दूसरी ओर, अपने सहयोगियों के साथ कुँवर सिंह मिर्ज़ापुर पहुँचे। उनके साथ चंदेल राजपूत भी हो लिये। नाना साहब और तात्या टोपे से मिलकर उन्होंने अंग्रेजों के खिलाफ व्यूह-रचना शुरू कर दी।

कुँवर सिंह के अंतिम काल में उनका सामना ली ग्रैंड की सेना से हुआ। यह २३ अप्रैल, १८५८ की घटना है। कुँवर सिंह उस युद्ध में विजयी रहे। युद्ध जगदीशपुर से डेढ़ मील दूर हुआ। ली ग्रैंड मारा गया।

इस युद्ध में विजयी होने के तीन दिनों बाद २६ अप्रैल, १८५८ को कुँवर वीर सिंह की मृत्यु हो गई।

❑

विनायक दामोदर सावरकर

विनायक दामोदर सावरकर का जन्म २८ मई, १८८३ को महाराष्ट्र के नासिक जिले के मामुर नामक गाँव में हुआ था। बी.ए. की परीक्षा उत्तीर्ण करने के बाद सावरकर बैरिस्टर की पढ़ाई पढ़ने के लिए लंदन चले गए। वे लंदन में 'इंडिया हाउस' में रहते थे।

इंडिया हाउस में भारतीय स्वतंत्रता के लिए गतिविधियाँ चलाई जाती थीं। इंडिया हाउस में कार्य करते हुए सावरकर ने तीन पुस्तकों की रचना की—'मेजिनी', 'सिक्खों का इतिहास', 'भारत के प्रथम स्वतंत्रता युद्ध का इतिहास'। पुस्तक रचना के समय उनकी अवस्था मात्र पच्चीस वर्ष की थी। तीसरी पुस्तक ने उन्हें पूरे इंग्लैंड में चर्चित कर दिया। वे एक 'खतरनाक क्रांतिकारी' के रूप में पहचाने जाने लगे।

सावरकर ने बैरिस्टरी की परीक्षा तो उत्तीर्ण कर ली, किंतु उन्हें वकालत करने की इजाजत नहीं मिली। सरकार की ओर से उनके सामने एक शर्त रखी गई—यदि वे भविष्य में राजनीति में भाग न लेने का वायदा करें तो उन्हें वकालत का लाइसेंस दिया जा सकता है। उन्होंने शर्त को नहीं माना। उसी बीच अत्यधिक परिश्रम के कारण उनका स्वास्थ्य खराब हो गया। इसलिए उनके साथियों ने उन्हें वेल्स के सेनिटोरियम में भेज दिया। वहाँ उन्हें सूचना मिली कि उनके भाई गणेश दामोदर सावरकर को जैक्शन नामक जज की हत्या के आरोप में 'काला पानी' की सजा दी गई है। जिस पिस्टल से जैक्शन की हत्या की गई थी, वह सावरकर की ही थी। इससे लंदन में उनकी गिरफ्तारी का वारंट निकल गया।

वीर सावरकर को 'मोरिया' नामक जहाज से इंग्लैंड से भारत लाया जा रहा था। जहाज पर कई गोरे सिपाही थे। जहाज जब 'मार्सलीज' (फ्रांस) बंदरगाह पर रुका तब सावरकर समुद्र में कूद पड़े।

अत्यंत साहस का परिचय देते हुए वे तैरकर किनारे पर पहुँचे, पर फ्रांसीसी पुलिस ने उन्हें गिरफ्तार कर गोरी सरकार के हवाले कर दिया। सन् १९११ से १९२१ तक के वर्ष सावरकर ने अंडमान की जेल में बिताए। यहाँ उन्हें कोल्हू में जोता जाता

था। राजनीतिक कैदियों के साथ वहाँ बड़ा अत्याचार होता था। वहाँ का जेलर बारी अत्यंत क्रूर और अत्याचारी था। तरह-तरह के आरोप लगाकर वह कैदियों को सताया करता था। सावरकर ने उसके जुल्मों की कहानी को कविता के रूप में ढाला और कील-काँटे की सहायता से लिखकर जेल की दीवारों को भर दिया। स्वतंत्रता के इतिहास में सावरकर ऐसे स्वतंत्रता सेनानी हैं, जिन्हें एक ही जीवन में दो आजीवन कारावास की सजा सुनाई गई। इतना ही नहीं, आजादी के बाद गांधी-हत्या के आरोप में भारत माँ के इस सपूत को फँसाया गया, जिससे इन्हें स्वतंत्र भारत में भी जेल की कोठरी में रहना पड़ा। काले पानी की सजा के रूप में जेल में रहकर उन्होंने '१८५७ का भारतीय स्वतंत्रता संग्राम', 'मेरा आजीवन कारावास' और 'अंडमान की प्रतिध्वनियाँ' पुस्तकें लिखीं।

२६ फरवरी, १९६६ को दुनिया के इस अनोखे क्रांतिकारी एवं विलक्षण हुतात्मा का देहांत हो गया।